Trendküche

AFRIKA

VON

MAROKKO

BIS

SÜDAFRIKA

Saison Küche

Impressum

1. Auflage 2003

Herausgeber: Verlag SAISON-KÜCHE
Projektleitung: Ingrid Schindler, Flavia Zarro Grunder
Konzept: Ingrid Schindler, Felix Häfliger, Flavia Zarro Grunder
Rezepte & Texte: Felix Häfliger
Grafisches Konzept: Nadia Lattmann
Layout: Nadia Lattmann, René Schleuniger, Dino Caracciolo
Fotos/Styling: Fotostudio Grünert: Ruth Küng
Fotoassistenz: Michael Fehr
Fotoküche: Felix Häfliger
Bildredaktion (Agenturbilder): Nicole Spiess
Bildnachweis: S. 6/7: Bildagentur Huber / Lawrence, Bildagentur Huber / R. Schmid; S. 8/9: Look / Michael Martin, Friedrich Stark / DAS FOTOARCHIV; S. 10/11: Bildagentur Huber / Saffo,Bildagentur Huber / Ripani; S. 56/57: Bildagentur Huber,Friedrich Stark / DAS FOTOARCHIV; S. 78/79: Prisma / Frank Lukasseck, Bildagentur Huber / Gräfenhain; S.100/101: Bildagentur Huber / Gräfenhain, Wolfgang Schmidt / DAS FOTOARCHIV
Korrektorat: Dr. phil. Samuel Brügger
Lithos & Druck: print media corporation, Oetwil am See
Gedruckt auf chlorfrei gebleichtem Papier

Bezugsquellen:
Verlag SAISON-KÜCHE, Postfach, 8957 Spreitenbach, ausgesuchte Migros-Filialen oder im Buchhandel

Das vorliegende Buch ist sorgfältig erarbeitet worden. Dennoch erfolgen alle Angaben ohne Gewähr. Weder AutorInnen noch Verlag können für eventuelle Fehler oder Schäden, die aus den in diesem Buch gegebenen praktischen Hinweisen resultieren, eine Haftung übernehmen.

3-9522620-3-X

Jambo Afrika!

EDITORIAL

Liebe Leserin, lieber Leser
Erweitern Sie Ihren Genuss-Horizont! Wir laden Sie zu einer kulinarischen Entdeckungsreise nach Afrika ein. Abseits der ausgetretenen Küchen-Pfade liegt auf diesem riesigen Kontinent ein immenser Küchenschatz brach. Überraschende Gerichte mit unkomplizierten Zutaten und herrlichen Gewürzen warten auf Sie. Lassen Sie sich auf eine kulinarische Reise von Marokko über Senegal, Kenia, Sansibar und Namibia bis zum Kap entführen!

Einen so grossen Kontinent mit über 50 Staaten und 800 Mio Menschen kann man kulinarisch natürlich nicht umfassend wiedergeben. Wir haben deshalb eine Auswahl an Rezepten verschiedener Regionen zusammengestellt, die leicht nachvollziehbar sind und sich in erstaunlicher Weise ergänzen.

Das Buch beginnt mit der arabischen Küche im Norden. Auf eine Safari durch verschiedene Länder führt das zweite Kapitel. Eine Auswahl der eher unbekannten afrikanischen Küche bieten die Rezepte im Kapitel Schwarzafrika. Die Südstaaten mit ihrer von vielen Kulturen beeinflussten Küche tragen zu weiteren Erlebnissen bei.

Es braucht gar nicht viel dazu: eine Hand voll Gewürze, etwas Gemüse, Fleisch oder Fisch. Und schon tauchen Sie ein in eine Welt von neuen Geschmackserlebnissen. Die Rezepte sind auf das Geschmacksempfinden unserer Breitengrade adaptiert und lassen einen breiten Spielraum an Interpretationen zu. Sie sind auch für Anfängerinnen und Anfänger einfach nachzukochen und dennoch raffiniert. Praktisch alle aufgeführten Zutaten sind im Lebensmittelhandel problemlos erhältlich, auf Ausgefallenes wurde bewusst verzichtet.

Erleben Sie die vielseitige Küche Afrikas!

Wir wünschen Ihnen gutes Gelingen, viel Freude beim Kochen und natürlich «guten Appetit», oder «Karibu chakula», wie man auf Swahili sagt.

Ihre SAISON-KÜCHE

INHALT

DIE ARABISCHE KÜCHE

DIE SAFARI-KÜCHE

INHALT

DIE SCHWARZAFRIKANISCHE KÜCHE

DIE KAP-KÜCHE

Die arabische Küche

Ein Fest der Sinne

Ein Fest der Sinne

«Maghreb» wird der Nordwesten Afrikas kurz genannt: Marokko mit Fez, Marrakesch oder Casablanca, Algerien mit dem malerischen Djemila und Tunesien mit Hammamet oder dem pittoresken Sidi bou Saïd. Allein die Namen bekannter Städte lassen Bilder orientalischer Kultur entstehen und wecken manche Ferienerinnerung: Farbenprächtige Bazars und lärmige Souks, Türme von Blätterteiggebäck und Berge von köstlichen Fleischspiesschen, die verführerische Düfte verbreiten.

Ägypten im Nordosten Afrikas zählt zum «Maschrik», zu den östlichen arabischen Staaten, und weiss neben Pyramiden und alten Schätzen ebenfalls mit einer grossen kulinarischen Vielfalt aufzuwarten.

Reichhaltiges Angebot

Nebst sonnensicheren Stränden bietet das Meer eine grosse Palette an Fischen und Meeresfrüchten, die in den Küstenregionen wichtige Eiweisslieferanten sind. Im Gebirge werden vor allem Schafe gezüchtet. Datteln, Mandeln, Oliven, Gemüse, Trauben und Obst sind Zutaten einer abwechslungsreichen Küche.

Tajines und Couscous

Die meisten afrikanischen Nordstaaten sind von den Küchen des Mittleren Ostens stark beeinflusst. So finden vor allem die üppigen Vorspeisen ihren Ursprung im Libanon und in der Türkei. Auf diese «Mezze» folgen dann erfrischende Salate, Schmorgerichte, die sog. «Tajines», Lammspiesschen oder Fleischbällchen. Das nordafrikanische Nationalgericht ist zweifellos Couscous, dessen traditionelle Garmethode sehr aufwändig ist, heute jedoch im Nu zubereitet werden kann.

Symphonie der Aromen

Die Küche Nordafrikas ist ein Fest für alle Sinne. Dennoch sind die Gerichte leicht nachvollziehbar und ohne grossen Aufwand zuzubereiten. Aromatische Gewürze verwandeln die fast schon schlichten Zutaten in orientalische Delikatessen. Kreuzkümmel, Muskat, Zimt und immer wieder Safran bereichern Gerichte, die mit frischer Petersilie, Koriander und Pfefferminze raffiniert abgeschmeckt werden. Diese Köstlichkeiten werden auf niedrigen Tischchen serviert, in Marokko meist im eigentlichen Kochgeschirr, der Tajine, einem Tongefäss mit konischem Deckel. Man bedient sich daraus mit den Fingern und mit Hilfe von Fladenbrot, das gleichzeitig auch die Funktion von Besteck und Teller übernimmt.

Opulentes Finale

Zum Abschluss eines arabisch-orientalischen Mahls werden Desserts gereicht, die der Bezeichnung Süssspeise alle Ehre machen. Dass es für unsere Begriffe auch etwas weniger süss und aufwändig geht, zeigen die Nachspeisen in diesem Kapitel.

Tee oder Kaffee?

Zum Essen trinkt man Wasser oder Fruchtsäfte, aber auch Bier und Wein sind verfügbar. Den Schlusspunkt eines Mahls bilden der berühmte Grüntee mit frischer Pfefferminze, brennend heiss und zuckersüss serviert, oder ein starker orientalischer Mokka.

Herzliche Gastfreundschaft

Sprichwörtlich ist die Gastfreundschaft, die immer wieder mit ihrer Grosszügigkeit überrascht. Ein arabisches Sprichwort bringt es auf den Punkt: «Essen für einen reicht auch für zwei, und Essen für zwei reicht auch für drei.»

Die nachfolgenden Rezepte sind zwar für vier Portionen berechnet, bei entsprechender Kombination verschiedener Gerichte können Sie Ihre Gastfreundschaft aber durchaus auch auf sechs Personen erweitern!

Harissa

Tajine

Kichererbsen

Couscous, Boulgour

Früher wurde Couscous (Bild: vorne und Mitte) aus einer Mischung von Weizengriess und Weizenmehl über kochender Bouillon zwischen drei- und siebenmal gedämpft. Heute ist Couscous als Fertigmischung erhältlich, die man lediglich mit heisser Flüssigkeit übergiesst und kurz ziehen lässt. Es sind fein-, mittel- und grobkörnige Sorten im Handel. Grundrezept siehe Seite 34.
Boulgour (Bild: hinten) ist grobes Weizenschrot, das u.a. für Taboulé (Seite 26) verwendet wird.

Filoteig, Strudelteig

Den hauchdünn ausgezogenen Teig aus Mehl und Wasser gebraucht man als Hülle für Teigtaschen sowie für Gebäck. Filo- oder Phylloteig gibt es in orientalischen Geschäften meist als runde Teigblätter. Man kann aber auch den leichter erhältlichen Strudelteig aus Mehl, Öl und Wasser verwenden, der ebenfalls in Form von hauchdünnen, rechteckigen Teigblättern angeboten wird.

Harissa

Die aus Chili, Knoblauch, Gewürzen und Salz hergestellte Paste wird in der nordafrikanischen Küche praktisch überall eingesetzt. Mit frisch gehackten Zwiebeln, Petersilie und Olivenöl vermischt wird die berühmte tunesische Würzbeilage zu vielen Gerichten serviert. In Marokko entspricht «Sahka» in etwa dieser höllisch scharfen Paste und ist ebenfalls häufig in Gebrauch.

Kichererbsen

Die Hülsenfrüchte mit dem neutralen, leicht nussigen Geschmack sind in der orientalischen Küche sehr beliebt. Sie werden meist als Püree verarbeitet. Getrocknete Kichererbsen müssen vor dem Kochen eingeweicht werden. Bereits gekochte Kichererbsen sind als Konserve erhältlich.

Pfefferminze

Die in Marokko als «naa-naa» bezeichnete Minze mit den dunkelgrünen Blättern gehört in grossen Mengen in das National-

ig, Strudelteig

Couscous, Boulgour

Safranfäden, -pulver

getränk: den grünen Tee. Sie ist auch unverzichtbarer Bestandteil in vielen Salaten, Tajines und Desserts.

Piment
Die kugeligen Gewürzkörner erinnern mit ihrem feinen Aroma an Nelken, Muskat und Zimt, besitzen jedoch eine leichte Pfefferschärfe. Nelkenpfeffer oder Allspice, so die englische Bezeichnung, kann sowohl für pikante Gerichte wie auch für Süssspeisen verwendet werden. Piment ist Bestandteil der äthiopischen Gewürzmischung «Berbere».

Safranfäden, -pulver
Das äusserst kostbare Gewürz besteht aus den von Hand gepflückten Narbenschenkeln der Safranpflanze. Mit seinem würzigen, zart-bitteren Geschmack verleiht Safran Fisch-, Geflügel- und Süssspeisen eine besondere Note sowie eine intensiv gelbe Farbe. Er ist in der nordafrikanischen Küche allgegenwärtig. Kurkuma (Seite 105) ist ein Ersatz für die Farbe, nicht aber für das Aroma.

Sesam
Die kleinen Samenkörner einer Ölpflanze haben ein feines, nussiges Aroma, das durch Rösten intensiviert werden kann. Sesam ist auch als Paste (Tahina, Seite 16) im Handel.

Sultaninen, Weinbeeren
Die kernlosen, getrockneten Beeren verschiedener Rebsorten sind hell und dunkel im Angebot.

Tajine
Die für die nordafrikanische Küche typische Tajine oder Tagine (sprich Taschinn) ist ein rundes Schmorgefäss aus Ton mit konischem Deckel, das auf ein Holzkohlefeuer gesetzt wird. Als Ersatz dienen ein gusseiserner Bräter, eine ofenfeste Pfanne, oder je nach Rezept, auch eine Gratinform bzw. ein Römertopf.
Tajines werden auf den Tisch gestellt und jeder Gast bedient sich daraus mit den Fingern.

Hummus

Kichererbsen-Sesam-Püree

TUNESIEN

4–6 Portionen
als Snack oder zum Apéro

- 125 g getrocknete Kichererbsen
- 1 Schalotte, gehackt
- 1 Knoblauchzehe, gepresst
- 1/2 EL Olivenöl
- 30 g Sesampaste (Tahina)
- 1/2 TL Salz
- schwarzer Pfeffer aus der Mühle
- 1/2 Zitrone, Saft
- 2 EL Joghurt nature

Zum Servieren:

- 2 EL Olivenöl
- 1 EL glatte Petersilie, gehackt
- 4 schwarze Oliven, gehackt
- Paprikapulver

1 Am Vortag: Kichererbsen in ca. 1/2 l kaltem Wasser über Nacht (12 Stunden) einweichen.

2 Am Zubereitungstag: Kichererbsen abgiessen, Einweichwasser auffangen. Schalotte und Knoblauch im heissen Öl andünsten. Kichererbsen beigeben und kurz mitdünsten. Mit der Einweichflüssigkeit ablöschen, aufkochen und bei kleiner Hitze zugedeckt ca. 1 1/2 Stunden weich kochen.

3 Kichererbsen abgiessen, Kochwasser auffangen. Kichererbsen im Mixer zusammen mit den restlichen Zutaten zu einer feinen Paste pürieren. Falls die Masse zu fest wird 2–3 EL Kochflüssigkeit beifügen.

4 Hummus in einer Schale anrichten, in der Mitte eine Vertiefung eindrücken und mit Olivenöl füllen. Petersilie und Oliven dazugeben und mit Paprikapulver bestreuen.

Zusammen mit Auberginenpüree (Seite 18) und Fladenbrot servieren.

TIPP

Schneller geht es, wenn anstelle der getrockneten Kichererbsen bereits gekochte aus der Dose (250 g abgetropft) verwendet werden. In diesem Fall Schalotte und Knoblauch im heissen Öl andünsten, mit Kichererbsen und den restlichen Zutaten pürieren. Eventuell etwas Flüssigkeit aus der Dose beifügen.
Die Sesampaste Tahina ist in asiatischen oder arabischen Geschäften erhältlich. Anstelle von Tahina kann das Kichererbsenpüree notfalls mit 1 TL Sesamöl (aus gerösteten Samen) aromatisiert werden.

Zahluk

Auberginenpüree

TUNESIEN

4–6 Portionen
als Snack oder zum Apéro

- 3 grosse Auberginen (1 kg)
- 1 TL Kreuzkümmelpulver
- 1/2–1 Knoblauchzehe, gepresst
- 3 EL Olivenöl
- 1/2 Zitrone, Saft
- Salz
- schwarzer Pfeffer aus der Mühle
- etwas frischer Koriander

1 Backofen auf 180 °C vorheizen. Die Stielansätze der Auberginen wegschneiden, auf einem Blech in der Mitte des Ofens 1 Stunde backen, auskühlen lassen.

2 Auberginen halbieren und das Fleisch mit einem Löffel herausschaben. Kreuzkümmel, Knoblauch und Olivenöl mit einer Gabel gut darunter mischen. Mit Zitronensaft, Salz und Pfeffer abschmecken.

3 In einer Schale anrichten und mit abgezupften Korianderblättchen bestreuen.

Zusammen mit Hummus (Seite 16) und Fladenbrot servieren.

TIPP

Etwas feiner wird die Masse, wenn alles im Mixer püriert wird. Ein typisches «Mezze»-Gericht (Häppchen, Vorspeisen) aus der türkisch beeinflussten Küche Tunesiens. Ein ähnliches Püree kann man auch aus Zucchetti, Peperoni und Tomaten (alle ebenfalls im Ofen gegart) zubereiten.

Cigares savoureux «Ouarka»

Pikante Röllchen mit Pouletfüllung

MAROKKO

24 Röllchen,
4–8 Portionen als Vorspeise

- 300 g Pouletbrust
- 2 EL Olivenöl
- 200 g Kartoffeln, mehlig kochend
- 2 Schalotten, gehackt
- 1 EL frischer Ingwer, gerieben
- 2 EL glatte Petersilie, gehackt
- 1 EL Puderzucker
- 1/4 TL Kurkumapulver
- 2 TL Zimtpulver
- schwarzer Pfeffer aus der Mühle
- 2 dl Hühnerbouillon
- Salz
- 3 Eier
- 4 Blätter Filo- oder Strudelteig, 40x40 cm
- Erdnussöl zum Frittieren
- 1 Zitrone, in Schnitzen

1 Pouletbrust im mässig heissen Öl beidseitig je 5–6 Minuten andünsten, aber keine Farbe annehmen lassen. Beiseite stellen.

2 Kartoffeln schälen, in 1/2 cm grosse Würfel schneiden, in der selben Pfanne goldgelb braten. Schalotten, Ingwer, Petersilie und Puderzucker kurz mitdünsten. Kurkuma, Zimt und Pfeffer beigeben. Mit der Bouillon ablöschen und die Flüssigkeit einkochen.

3 Pouletbrust erst in feine Scheiben, dann in kleine Würfel schneiden, beigeben und alles gut mischen. Es sollte praktisch keine Flüssigkeit mehr vorhanden sein. Mit Salz abschmecken. 1 Ei trennen, das Eiweiss beiseite stellen. Das Eigelb mit den restlichen Eiern verquirlen, unter die leicht ausgekühlte Poulet-Kartoffelmasse mischen.

4 Jeweils 1 Teigblatt ausbreiten, in 6 Teile von ca. 13x20 cm schneiden, aufeinander legen und mit einer Klarsichtfolie bedecken. Ein Blatt ums andere füllen: die Ränder mit Eiweiss bestreichen, 1 EL Füllung auf die Schmalseite des Teigblattes setzen. Teigränder links und rechts etwas über die Füllung einschlagen und zu einer Zigarrenform von ca. 10 cm Länge und 2 cm Dicke aufrollen. Auf ein Backpapier legen. Mit den restlichen Blättern ebenso verfahren.

5 Die Röllchen portionenweise in reichlich Öl bei mittlerer Hitze in der Pfanne (oder bei 180 °C in der Fritteuse) rundum goldbraun braten, auf Haushaltpapier abtropfen lassen und mit Zitronenschnitzen servieren.

TIPP
Die empfindlichen Teigblätter müssen so rasch als möglich verarbeitet werden, da sie sonst austrocknen. Original werden die Cigares (marokkanisch: Ouarka) ausschliesslich mit Filoteig zubereitet. Die Röllchen können ungebraten auf Vorrat tiefgefroren werden.

Briks

Teigtaschen mit Thunfisch

TUNESIEN

18 Päckchen als Snack oder Vorspeise für 4–6 Personen

- 1 Dose Thon in Öl (abgetropft 155 g)
- 6 schwarze Oliven, ohne Stein (20 g)
- 1 Schalotte, gehackt
- 3 EL glatte Petersilie, gehackt
- 1 EL Olivenöl
- 1/2 TL Harissa (nach Belieben)
- Salz
- schwarzer Pfeffer aus der Mühle
- 1/2 Zitrone, Saft
- 1 Ei
- 4 Blätter Filo- oder Strudelteig, 40x40 cm
- 1 EL Butter, geschmolzen
- 1 Zitrone, in Schnitzen

1 Thon abtropfen, mit einer Gabel fein zerpflücken. Oliven klein würfeln.

2 Schalotte, Petersilie und Oliven im heissen Öl andünsten. Nach Belieben mit Harissa oder mit Salz und Pfeffer würzen. Pfanne vom Herd ziehen, Thon und Zitronensaft beigeben, alles gut mischen und auskühlen lassen.

3 Backofen auf 180 °C vorheizen. Ei verquirlen und unter die Thon-Masse mischen.

4 Jeweils 1 Teigblatt ausbreiten, in 9 Quadrate von ca. 13x13 cm schneiden, aufeinander legen und mit einer Klarsichtfolie bedecken, damit sie nicht austrocknen. Ein Blatt mit Butter bepinseln, ein zweites Blatt um 45° gedreht darauf legen und ebenfalls mit Butter bepinseln. 1 EL Thonfüllung in die Mitte setzen, Teig in die gewölbte Handfläche legen, die Teigränder zusammenfassen und mit den Fingern der anderen Hand sorgfältig aber gut zusammendrücken (die Päckchen müssen nicht hermetisch verschlossen sein). Auf ein mit Backpapier belegtes Blech setzen. Mit den restlichen Blättern ebenso verfahren. Masse ab und zu umrühren. Päckchen etwas antrocknen lassen.

5 Die Päckchen im Ofen 4–5 Minuten goldbraun backen. Etwas auskühlen lassen.

Mit Harissa und Zitrone servieren.

TIPP

Die Teigblätter trocknen rasch aus und müssen deshalb so schnell wie möglich verarbeitet werden. Der empfindlichen Form wegen empfiehlt es sich nicht, die Päckchen auf Vorrat tiefzukühlen.

Falafel

Kichererbsenbällchen

ÄGYPTEN

4 Portionen als Snack
oder als kleine Mahlzeit

- 150 g getrocknete Kichererbsen
- 1/4 TL Kreuzkümmel
- 1 EL glatte Petersilie, gehackt
- 1 EL frischer Koriander, gehackt
- 1 EL Dill, gehackt
- 2 Knoblauchzehen, gepresst
- 1 Frühlingszwiebel samt Grün, gehackt
- 1/4 TL Chilipulver
- 1/4 TL schwarzer Pfeffer aus der Mühle
- 1 TL Salz

- Sesamsamen (nach Belieben)

- 1–2 l Frittieröl

1 Am Vortag: Kichererbsen und Kreuzkümmel in ca. 1/2 l Wasser über Nacht (12 Stunden) einweichen.

2 Am Zubereitungstag: Kichererbsen abgiessen, etwas Einweichflüssigkeit auffangen. Kichererbsen im Mixer mit dem Kreuzkümmel fein pürieren.

3 Alle weiteren Zutaten beigeben (Einweichflüssigkeit nach Bedarf) und nochmals gut durchmixen. Es soll eine dicke Paste entstehen. 30 Minuten zugedeckt stehen lassen.

4 Aus der Masse ca. 20–24 kleine Kugeln mit einem Durchmesser von ca. 3 cm formen. Nach Belieben in Sesamsamen wälzen. Im 180 °C heissen Öl ca. 4 Minuten goldbraun frittieren. Auf Küchenpapier abtropfen lassen.

Nach Belieben mit Rohkostsalaten und scharfer Tomatensauce in aufgeschnittene Pittabrote füllen.

TIPP

Bereits gekochte Kichererbsen aus der Dose haben keine Bindefähigkeit mehr und zerfallen beim Ausbacken!
Man kann die Masse auch sehr gut als flache Bratlinge in der Pfanne zubereiten und zusammen mit einem Salat servieren.
Falafel stammen ursprünglich aus dem Mittleren Osten und sind heute ein fester Bestandteil der ägyptischen Küche.

Taboulé

Boulgour-Salat

ALGERIEN

4–6 Portionen
als Vorspeise oder Beilage

- 4 dl Wasser
- 1 Würfel Gemüsebouillon
- 250 g Boulgour (grobes Weizenschrot)
- 1 Freilandgurke (250 g)
- Salz
- 2 Tomaten
- 2 Stangen Sellerie
- 1 grüne Peperoni
- 1/2 Zitrone, Saft
- 3 EL Olivenöl
- 1 Schalotte, gehackt
- 1 EL glatte Petersilie, gehackt
- 1 EL Minze, gehackt
- 1 EL frischer Koriander, gehackt
- Salz
- schwarzer Pfeffer aus der Mühle

1 Wasser mit Bouillonwürfel aufkochen. Über das Weizenschrot giessen, mischen. Mit Klarsichtfolie bedeckt aufquellen und auskühlen lassen.

2 Gurke schälen, längs halbieren, entkernen, in Würfel schneiden. Mit etwas Salz mischen und 30 Minuten auf einem Sieb abtropfen lassen. Tomaten kreuzweise einschneiden, in kochendes Wasser tauchen bis sich die Haut zu lösen beginnt, kalt abschrecken, schälen, entkernen und würfeln. Sellerie und Peperoni klein würfeln.

3 Zitronensaft mit Olivenöl verrühren, mit allen weiteren und bereits vorbereiteten Zutaten mischen. Mit Salz und Pfeffer pikant abschmecken. Im Kühlschrank etwas ziehen lassen. Kalt servieren.

TIPP
Ein köstlich erfrischender Salat, der auch als Vorspeise oder kleine Mahlzeit gerne serviert wird. Je nach Gebiet wird eine grössere Menge an Petersilie, als oben angeführt, beigefügt.
Variante: zerpflückten Thunfisch aus der Dose oder kleine, gekochte Krevetten unter den Salat mischen.
Taboulé ist auch als Fertigmischung erhältlich.

Naranshi «Casablanca»

Orangensalat mit Fenchel

4 Portionen als Beilage

- 3 Orangen
- 1 kleiner Fenchel (100 g)
- 2 Schalotten
- 6 schwarze Oliven, ohne Stein (20 g)

Sauce:

- 1/2 Zitrone, Saft
- 1/2 TL Rohzucker
- Salz
- schwarzer Pfeffer aus der Mühle
- 1 TL Orangenblütenwasser (5 ml, für 1/4 l Flüssigkeit)
- 2 EL Olivenöl
- wenig Chilipulver

1 Die Schale der Orangen mit einem scharfen Messer streifenweise dick abschälen, so dass auch die weisse Innenhaut entfernt wird. Orangen quer in 1/2 cm dicke Scheiben schneiden und auf einer Platte auslegen. Vom Fenchel die zarten Teile fein wie eine Zwiebel hacken, über die Orangen streuen. Schalotten in feine Scheiben hobeln, Oliven in feine Streifen schneiden und über den Orangen verteilen.

2 Saucenzutaten zusammen mit dem ausgepressten Saft des noch an den abgeschnittenen Orangenschalen haftenden Fruchtfleisches verrühren. Sauce über den Salat geben, etwas ziehen lassen und ab und zu begiessen.

TIPP

Orangenblütenwasser wird in der nordafrikanischen Küche nicht nur zum Aromatisieren von Süssspeisen, sondern auch von Tajines (Seite 38) und Salaten verwendet. Auch ist es Sitte, sich die Hände vor und nach dem Essen in mit Orangenblüten- oder Rosenwasser parfümiertem Wasser zu waschen.

Mechouia

Peperoni-Tomaten-Salat

MAROKKO

4 Portionen als Beilage

- 2 grüne Peperoni
- 4 Tomaten
- 1/2 Zitrone, Schale und Saft
- 1 EL glatte Petersilie, gehackt

Sauce:

- Salz
- schwarzer Pfeffer aus der Mühle
- 1/4 TL Kreuzkümmelpulver
- 1/2 Knoblauchzehe, gepresst
- 2 EL Olivenöl

1 Ganze Peperoni mit dem Sparschäler schälen, in Viertel schneiden. Restliche Schale, die mit dem Sparschäler nicht entfernt wurde, mit einem scharfen Rüstmesser wegschneiden. Kerne und weisse Zwischenwände entfernen. Peperoni in kleine Würfel schneiden.

2 Tomaten kreuzweise einschneiden, in kochendes Wasser tauchen bis sich die Haut zu lösen beginnt, kalt abschrecken, schälen, entkernen und würfeln.

3 Von der Zitrone ein fingerlanges Stück Schale dünn abziehen, in feine Streifen schneiden, mit Peperoni, Tomaten und Petersilie mischen.

4 Für die Sauce Zitrone auspressen, mit den übrigen Zutaten verquirlen und mit dem Gemüse mischen.

TIPP

Peperoni können sehr gut mit dem Sparschäler geschält werden, vorausgesetzt, es handelt sich um pralle, wenig eingekerbte Früchte.
Im Originalrezept werden die Peperoni im Ofen geröstet und dann geschält.

Tajine au poisson

Schmorgericht mit Fisch

MAROKKO

4 Portionen als Hauptgericht
50 g getrocknete Tomaten
2 dl Wasser
1/2 Döschen Safranfäden (175 mg)
2 EL Olivenöl
ca. 700 g Kartoffeln, fest kochend
Salz
schwarzer Pfeffer aus der Mühle
4 grosse Tomaten (500 g)
2 Knoblauchzehen
1 Fenchelknolle (200 g)
100 g grüne Oliven, ohne Stein
4 Tranchen Seehecht, Kabeljau oder Salm (à 150 g)
1/2 TL Kreuzkümmelpulver
1/2 EL frischer Ingwer, gerieben
1/2 Zitrone, Saft
2 EL Olivenöl

1 Getrocknete Tomaten in breite Streifen schneiden, Wasser mit Safran aufkochen, über die Tomaten giessen und 10 Minuten zugedeckt ziehen lassen. Backofen auf 180 °C vorheizen.

2 Öl in einen gusseisernen Bräter (oder eine ofenfeste Bratpfanne mit Deckel) geben. Kartoffeln schälen, in 1 cm dicke Scheiben schneiden. Den Boden der Pfanne mit einer Schicht Kartoffeln belegen, mit Salz und Pfeffer würzen. Tomaten in Scheiben schneiden (4 Scheiben beiseite legen), Knoblauch in hauchdünne Scheibchen schneiden, beides darauf verteilen und würzen. Fenchel in Streifen schneiden, mit den getrockneten Tomaten darauf verteilen und mit der Flüssigkeit begiessen. Zugedeckt in der Ofenmitte 30–40 Minuten garen.

3 Oliven halbieren, auf das Gemüse streuen. Fischtranchen mit Salz, Pfeffer, Kreuzkümmel und Ingwer würzen, darauf legen. Mit den beiseite gelegten Tomatenscheiben belegen, diese mit Zitronensaft und Olivenöl beträufeln und für weitere 15–20 Minuten unbedeckt in den Ofen stellen.

Mit Fladenbrot, Couscous (Tipp Seite 34) oder Reis servieren.

TIPP

Fenchel kann durch Karotten oder Stangensellerie ersetzt werden. Für eine herzhaftere Variante zusätzlich 250 g gekochte Kichererbsen auf die Kartoffeln geben.

Couscous au poisson

Couscous mit Fisch

MAROKKO

4–6 Portionen
als Hauptgericht

- 200 g Karotten
- 100 g Stangensellerie
- 2 Frühlingszwiebeln
- 1 EL Olivenöl
- 1 rote Chilischote
- 1 Lorbeerblatt
- 1 Nelke
- 1/2 Döschen Safranfäden (175 mg)
- 3 EL Fischfond (45 ml), konzentriert, z.B. «Maitre Nicolas»
- 7,5 dl Wasser
- 2 Tomaten
- 1 gelbe Peperoni
- 260 g Couscous mittelgross, «fertig in 5 Minuten»
- 800 g Seehecht Rückenfilets oder Pangasiusfilets
- Salz
- schwarzer Pfeffer aus der Mühle
- 1/2 EL Olivenöl
- 12 schwarze Oliven, ohne Stein (40 g)
- 2 EL glatte Petersilie, gehackt
- 2 EL frischer Koriander, gehackt
- 2 EL Butter
- 1 Zitrone, Saft

1 Karotten schälen, längs vierteln und in 1 cm grosse Stücke schneiden. Sellerie und Frühlingszwiebeln samt Grün in ebenso grosse Würfel schneiden. Olivenöl in einer nicht zu kleinen Pfanne erhitzen, ganze Chilischote, Lorbeer und Nelke kurz andünsten. Das geschnittene Gemüse beigeben und bei kleiner Hitze ca. 5 Minuten sanft dünsten.

2 Safran und Fischfond mit dem Wasser beigeben, aufkochen und zugedeckt ca. 15 Minuten köcheln lassen, bis das Gemüse knapp gar ist.

3 Unterdessen Tomaten kreuzweise einschneiden, in kochendes Wasser tauchen bis sich die Haut zu lösen beginnt, kalt abschrecken, schälen, entkernen und würfeln. Peperoni in feine Streifen schneiden.

4 Gemüse abgiessen, dabei Kochflüssigkeit auffangen. 5 dl abmessen, heiss über das Couscous-Griess giessen, zugedeckt mindestens 5 Minuten quellen lassen.

5 Chili, Lorbeer und Nelke entfernen. Gemüse und restliche Flüssigkeit (es sollte noch etwa 1 dl vorhanden sein) wieder zurück in die Pfanne geben. Fischfilets mit Salz und Pfeffer würzen. Auf das Gemüse legen und zugedeckt bei kleiner Hitze ca. 10 Minuten garen. Fischfilets einmal wenden.

6 In der Zwischenzeit Peperoni im heissen Öl andünsten, bis die Streifen etwas Farbe annehmen. Pfanne vom Herd ziehen, Tomatenwürfel darunter mischen. Mit Salz und Pfeffer abschmecken.

7 Oliven fein hacken, mit Petersilie und Koriander in der heissen Butter kurz andünsten. Mit dem Couscous mischen, heiss werden lassen und auf einer Servierplatte anrichten. Fischfilets dazulegen, die Peperoni-Tomaten-Mischung darüber geben. Mit dem Zitronensaft beträufeln und das Gemüse mit dem restlichen Fond darum herum anrichten.

TIPP

Grundzubereitung für weitere Couscous-Rezepte für 4 Portionen: 260 g Couscous mittelgross («fertig in 5 Minuten») in einer Schüssel mit 5 dl heisser Flüssigkeit (Gemüse-, Hühnerbouillon oder Wasser) übergiessen und mit Klarsichtfolie zugedeckt 5 Minuten quellen lassen. 2 EL Butter schmelzen und darunter mischen.

Couscous aux crevettes

Couscous mit Krevetten und grünem Spargel

MAROKKO

4 Portionen als Hauptgericht

- 1 kg grüner Spargel
- 12 grosse, rohe Krevetten, ohne Köpfe (500 g)
- 2 l Wasser
- 2 TL Salz
- 1 TL Zucker
- 1 EL Butter
- ½ Bund frischer Koriander
- Salz
- schwarzer Pfeffer aus der Mühle
- 260 g Couscous mittelgross, «fertig in 5 Minuten»
- 2 EL Butter
- 1 Knoblauchzehe, gepresst
- 2 EL frischer Koriander, gehackt
- 1 EL Olivenöl

Nach Belieben:

- 1 EL Harissa
- Olivenöl

1 Spargel waschen, unteres Drittel schälen, Enden anschneiden. Schalen und Abschnitte beiseite stellen. Unteres Viertel der Spargeln in kleine Stücke schneiden und beiseite stellen. Obere Teile der Spargeln in ein feuchtes Tuch wickeln. Die Krevetten bis auf das letzte Segment (mit der Schwanzflosse) schälen. Darm (schwarzer Faden) unter fliessendem Wasser herausziehen. Krevetten trocken tupfen, längs halbieren, so dass die Hälften aber noch zusammenhalten.

2 Wasser mit Salz, Zucker und Butter aufkochen. Spargelschalen und -abschnitte beigeben und 1 Minute stark kochen lassen. Fond abgiessen, Schalen und Abschnitte wegwerfen. Die klein geschnittenen Spargelstücke mit dem Koriander im Spargelfond ca. 25 Minuten sehr weich kochen. Spargel und Koriander im Mixer mit wenig Fond pürieren. Mit Salz und Pfeffer abschmecken und warm stellen.

3 Vom Spargelfond 5 dl in ein Pfännchen giessen, aufkochen und über das Couscous-Griess giessen. Zugedeckt mindestens 5 Minuten quellen lassen. Spargelspitzen im restlichen Fond ca. 5–8 Minuten bissfest kochen.

4 Butter schmelzen, Knoblauch und Koriander andünsten. Couscous dazugeben, mischen, abschmecken und zugedeckt bei kleinster Hitze kurz durchziehen lassen.

5 Krevetten im heissen Öl kurz braten, bis sie eine orange Farbe erhalten. Couscous mit den Spargelspitzen anrichten. Krevetten dazulegen und mit dem Spargelpüree servieren.

Nach Belieben Harissa mit etwas Olivenöl verrühren und separat dazu reichen.

TIPP

Dieser Spargelfond empfiehlt sich auch für die Zubereitung von weissem Spargel. Wichtig ist, dass die Schalen wirklich nur kurz aufgekocht werden, da sie sonst Bitterstoffe freigeben.

Tajine au poulet

Schmorgericht mit Huhn und Birnen

MAROKKO

4 Portionen als Hauptgericht

- 2 EL Pinienkerne
- 1/2 Würfel Hühnerbouillon
- 2,5 dl Wasser
- 1/2 Döschen Safranfäden (175 mg)
- 50 g getrocknete Tomaten
- 1/2 Bund frischer Koriander
- 1 Poulet, ca. 1,2 kg
- 2 EL Olivenöl
- 1 Zwiebel, gehackt
- 1 EL frischer Ingwer, gerieben
- 5 cm Zimtstange
- schwarzer Pfeffer aus der Mühle
- 4 Birnen, nicht zu reif
- Salz
- 2 EL Butter
- 3 EL Honig
- 2 TL Orangenblütenwasser (10 ml, für 1/2 l Flüssigkeit)

1 Pinienkerne in einer beschichteten Bratpfanne ohne Fett goldbraun rösten. Bouillonwürfel im kochenden Wasser auflösen, Safran beigeben und etwas ziehen lassen. Tomaten in Streifen schneiden. Koriander mit Küchenschnur zusammenbinden.

2 Geflügel in 8–10 Teile zerlegen und in einer Bratpfanne im mässig heissen Öl rundum anbraten. Zwiebel, Ingwer, Zimt, Pfeffer, Tomaten und Koriander beigeben und kurz mitdünsten. Mit der Safran-Bouillon ablöschen und zugedeckt ca. 45 Minuten schmoren, bis das Fleisch gar ist. Dabei die Geflügelteile ab und zu wenden. Falls nötig, etwas Wasser nachgiessen, es sollte stets ein wenig Flüssigkeit vorhanden sein.

3 In der Zwischenzeit Birnen schälen, vierteln, entkernen und in Salzwasser legen, damit sie sich nicht verfärben. Butter und Honig erhitzen, die abgetropften Birnen bei grosser Hitze kurz karamellisieren, ohne dass sie zu weich werden. Pfanne vom Herd ziehen.

4 Birnen auf das Geflügel legen, Karamellflüssigkeit und Orangenblütenwasser darüber träufeln, Pinienkerne darüber streuen und offen kurz aufkochen. Dabei mit der Flüssigkeit begiessen. Koriander und Zimt entfernen. Allenfalls mit Salz abschmecken (Vorsicht: die getrockneten Tomaten enthalten meistens bereits etwas Salz!).

Mit Fladenbrot, Couscous (Tipp Seite 34) oder Reis servieren.

TIPP

Anstelle von ganzem Geflügel kann auch die entsprechende Menge Poulet-Unterschenkel oder 600 g Pouletbrust in grossen Stücken verwendet werden. Bei letzterer verringert sich die Garzeit um 15 Minuten.

Coquelets à l'algérienne

Stubenküken mit Anis

ALGERIEN

2–4 Portionen
als Hauptgericht

Marinade:

- 1 EL Anissamen
- 1/2 TL getrocknete Chilischoten, zerstossen
- 1 Zitrone, Schale und Saft
- wenig Salz
- schwarzer Pfeffer aus der Mühle
- 0,75 dl Olivenöl

- 2 Coquelets (à ca. 500 g)
- Salz

- Alufolie

1 Am Vortag: Anis und Chili in einem Mörser fein zerstossen. Zitronenschale abreiben, Saft auspressen und mit den restlichen Marinadezutaten in einem Schüttelbecher mischen.

2 Coquelets auf die Brustseite legen und mit der Geflügelschere von der Öffnung her den Rückenknochen (1 cm breit) entfernen. Auf die Innenseite drehen und kräftig flach drücken. Eine flache ofenfeste Form mit einem grossen Stück doppelter Alufolie belegen. Coquelets mit der Hautseite nach oben darauf legen und mit der Marinade einreiben und begiessen. Folie verschliessen und über Nacht (besser 24 Stunden) im Kühlschrank marinieren.

3 Am Zubereitungstag: Backofen auf 180 °C vorheizen. Folie öffnen, jedoch in der Form belassen. Coquelets leicht salzen und im Ofen ca. 45 Minuten knusprig braten. Ab und zu mit dem Jus begiessen.

Mit Fladenbrot, Couscous (Tipp Seite 34) oder Reis servieren.

TIPP

Die Kombination von Anis und Geflügel mag ungewohnt erscheinen, die würzigen Samen verleihen diesem Gericht jedoch ein einzigartiges Aroma und machen es leicht verdaulich.

Nil-Ente «Mamounia»

Entenbrust mit Sultaninen-Mandel-Reis

ÄGYPTEN

4 Portionen als Hauptgericht

Khalta:

- 75 g Mandelstifte
- 50 g getrocknete Aprikosen
- 75 g helle Sultaninen
- 75 g dunkle Sultaninen
- 5 dl Wasser
- 1 1/2 Würfel Hühnerbouillon
- 1/4 TL Salz
- 1/4 TL schwarzer Pfeffer aus der Mühle

Entenbrust mit Aprikosenglasur:

- 75 g Aprikosenkonfitüre, püriert
- 1 EL Worcestershire Sauce
- 2 Entenbrüstchen (à ca. 300 g)
- 1 EL Bratbutter
- 1 EL Olivenöl
- Salz
- schwarzer Pfeffer aus der Mühle

Reis:

- 1 EL Olivenöl
- 300 g Lang- oder Mittelkornreis, z.B. Carolina
- 1 EL Rohzucker
- 1 Prise Kardamompulver
- 1 Prise Pimentpulver

1 Für den Khalta-Belag Mandelstifte in einer beschichteten Bratpfanne ohne Fett goldbraun rösten. Aprikosen in 1/2 cm grosse Würfel schneiden, mit beiden Sultaninensorten mischen. Wasser mit Bouillonwürfel aufkochen, über die Früchte giessen und diese zugedeckt 30 Minuten quellen lassen. Abgiessen, Flüssigkeit auffangen und mit Wasser auf 6 dl ergänzen.

2 Für die Entenbrust Aprikosenkonfitüre leicht erwärmen, bis sie flüssig wird. Worcestershire Sauce darunter mischen. Die Haut der Entenbrüstchen mit einem scharfen Messer kreuzweise einschneiden. Backofen mit einer ofenfesten Form für die Brüstchen auf 80 °C vorheizen. Brüstchen mit der Hautseite nach unten in der Butter-Ölmischung bei mittlerer Hitze anbraten, bis sie eine schöne Farbe haben. Wenden, würzen und mit der Aprikosenglasur bestreichen. Die Fleischseiten ebenso braten, würzen und bestreichen. Brüstchen in die Form im Ofen legen, 40–45 Minuten ziehen lassen, dabei alle 10 Minuten wenden und mit der Glasur bepinseln. Bratpfanne samt Bratsatz beiseite stellen.

3 Für den Reis Öl erhitzen, Reis und Zucker beigeben, bei mittlerer Hitze unter ständigem Rühren zu hellbrauner Farbe karamellisieren. Mit Kardamom und Piment würzen, mit der Bouillon ablöschen und halb zugedeckt ca. 15–20 Minuten fertig garen.

4 Dörrfrüchte im Bratsatz der Entenbrüstchen andünsten, Mandelstifte beigeben, mit Salz und Pfeffer abschmecken.

Reis auf einer Servierplatte anrichten, Khalta (Früchte, Mandeln) darüber verteilen. Entenbrüstchen in Tranchen schneiden und darauf legen.

TIPP

Enten waren bereits im alten Ägypten sehr beliebt. Dies ist jedoch eine Zubereitung der modernen Küche.
Khalta nennt sich ein Belag aus Mandeln und Sultaninen, der auf Reis angerichtet wird.

Schisch Kebab

Fleisch-Gemüse-Spiesschen

MAROKKO

4 Portionen als Hauptgericht

Chermoula (Marinade):

- 1 EL Senf, mittelscharf
- 1 EL Tomatenpüree
- 1 Knoblauchzehe, gepresst
- 1/2 TL Harissa
- 1/2 TL Korianderpulver
- 1/4 TL Kardamompulver
- 1/4 TL Zimtpulver
- 1 Limette, Saft

- 600 g Lammhuft oder Lammrückenfilet
- 1–2 rote Peperoni
- 4 Schalotten
- 1 Aubergine
- Salz
- Olivenöl zum Braten

- 8–12 Holzspiesschen, 25 cm lang

1 Marinadezutaten mischen. Fleisch und Peperoni in 3 cm grosse Stücke schneiden, Schalotten halbieren oder vierteln, Aubergine längs halbieren und quer in 1 cm dicke Scheiben schneiden. Alles mit der Marinade mischen und zugedeckt 1 Stunde kühl stellen. Holzspiesschen 1 Stunde in Wasser einlegen.

2 Je 4–5 Fleischstücke abwechslungsweise mit dem Gemüse auf die Spiesschen stecken. Salzen und mit Olivenöl bepinseln. Spiesschen auf dem Grill, in der Grillpfanne oder unter der Grillschlange des Backofens bei 250 °C 12–15 Minuten braten, bis das Fleisch gar ist. Dabei ab und zu wenden.

Mit Fladenbrot, Couscous (Tipp Seite 34) oder Reis und Peperoni-Tomaten-Salat (Seite 30) servieren.

TIPP

Die Spiesschen können auch mit Lamm- und Rindfleisch oder ausschliesslich mit Rind zubereitet werden.

Kefta

Hackfleischbällchen auf Tomatensauce

MAROKKO

4 Portionen als Hauptgericht

Hackfleischbällchen:

2 dl Wasser

½ TL Salz

125 g Boulgour (grobes Weizenschrot)

1 Schalotte, sehr fein gehackt

1 Knoblauchzehe, gepresst

1 EL Erdnussöl

1 EL Tomatenpüree

½ Zitrone, Saft

150 g Lammfleisch, gehackt

200 g Rindfleisch, gehackt

1 EL Minze, gehackt

2 TL Harissa

½ TL Kreuzkümmelpulver

½ TL Zimtpulver

½ TL Salz

schwarzer Pfeffer aus der Mühle

1–2 EL Erdnussöl zum Braten der Bällchen

Sauce:

2 grosse Tomaten

2 Schalotten, in Streifen

1 Knoblauchzehe, gepresst

1 EL Erdnussöl

1–2 TL Harissa

1 TL Kreuzkümmelpulver

1 TL Korianderpulver

1 Briefchen Safranpulver (125 mg)

Salz

1 Für die Hackfleischbällchen Wasser und Salz aufkochen, über das Weizenschrot giessen, mischen. Zugedeckt aufquellen und auskühlen lassen.

2 Schalotte und Knoblauch im heissen Öl andünsten, Tomatenpüree beifügen und kurz mitrösten. Mit dem Zitronensaft ablöschen, aufkochen und beiseite stellen.

3 Fleisch in eine Schüssel geben. Boulgour und Schalottenmischung beigeben. Mit den restlichen Zutaten für die Hackfleischbällchen gut vermengen. Masse zu 24–28 golfballgrossen Kugeln formen. Im heissen Öl rundum goldbraun braten. Warm stellen.

4 Für die Sauce Tomaten kreuzweise einschneiden, in kochendes Wasser tauchen bis sich die Haut zu lösen beginnt, kalt abschrecken, schälen und würfeln. Schalotten und Knoblauch im heissen Öl andünsten. Harissa und die weiteren Gewürze mit den Tomaten beifügen, aufkochen und abschmecken. Auf einer Servierplatte anrichten und die Hackfleischbällchen darauf setzen.

Mit Reis oder Couscous (Tipp Seite 34) servieren.

TIPP

Die Bällchen können auch nur aus einer Fleischsorte (Lamm oder Rind) zubereitet werden. Als Vorspeise oder Snack serviert ergibt die Menge ca. 8–10 Portionen.
Die ungebratenen Bällchen können einige Monate tiefgefroren werden.

Tajine aux légumes

Schmorgericht mit Artischocken und Erbsen

3–4 Portionen
als Hauptgericht

- ½ Zitrone, Saft
- 1 TL Salz
- 500 g Babyartischocken (ca. 15 Stk.)
- 6 schwarze Oliven, ohne Stein (20 g)
- 1 EL Pinienkerne
- 150 g Cherrytomaten
- ½ Würfel Gemüsebouillon
- 2,5 dl Wasser
- ½ Döschen Safranfäden (175 mg)
- 150 g grüne Erbsen (tiefgekühlt)
- 150 g Kefen
- 2 EL Olivenöl
- 1 Schalotte, in Streifen
- 1 Knoblauchzehe, gepresst
- ½–1 TL Harissa
- 150 g Lang- oder Mittelkornreis, z.B. Carolina
- 1 EL glatte Petersilie, gehackt
- ½ EL Pfefferminzblätter, gehackt
- Salz
- schwarzer Pfeffer aus der Mühle

1 Zitronensaft und Salz in einer Schüssel mit ca. 1 l Wasser mischen. Von den Artischocken den Stiel entfernen und die obere Hälfte der Blätter abschneiden, äussere harte Blätter entfernen. Artischocken vierteln und sofort in das Zitronenwasser legen. Oliven vierteln. Pinienkerne in einer beschichteten Bratpfanne ohne Fett goldbraun rösten. Tomaten halbieren oder vierteln. Bouillonwürfel im kochenden Wasser auflösen, Safran beigeben und etwas ziehen lassen. Erbsen auf einem Sieb mit heissem Wasser überbrausen, Kefen rüsten.

2 Artischocken gut abtropfen, in einem gusseisernen Bräter (oder einer Bratpfanne mit Deckel) im Öl bei mittlerer Hitze ca. 10 Minuten andünsten, bis das Gemüse etwas Farbe bekommt. Schalotte, Knoblauch, Harissa und Oliven kurz mitbraten. Reis beigeben und glasig dünsten. Mit der Bouillon ablöschen, aufkochen und zugedeckt 10 Minuten garen.

3 Erbsen und Kefen dazugeben, halb zugedeckt nochmals ca. 10 Minuten köcheln, bis der Reis gar ist (eventuell noch etwas Wasser zugiessen). Tomaten und Kräuter darunter mischen, nur noch heiss werden lassen. Mit Salz und Pfeffer abschmecken und die Pinienkerne darüber streuen.

TIPP
Der Aufwand, die Artischocken zu rüsten, lohnt sich auf jeden Fall. Ausserhalb der Saison können jedoch auch 240 g Artischockenherzen aus der Dose (in Salzwasser konserviert) verwendet werden. Diese lediglich halbieren und erst mit den Erbsen und Kefen dazugeben.

Mousse à la menthe

Pfefferminzdessert mit Datteln

4 Portionen als Dessert

Mousse:

- 1/2 Bund Pfefferminze
- 180 g Joghurt nature
- 40 g Puderzucker
- 2 Blatt Gelatine
- 1/2 Limette, Saft
- 1 dl Rahm

- 1/2 Orange, Saft
- 1/2 TL Orangenblütenwasser (2,5 ml, für 1/8 l Flüssigkeit)
- 12 Datteln

1 Minzeblättchen abzupfen (8 g), grob hacken und mit Joghurt und Puderzucker pürieren. Gelatine 5 Minuten in kaltes Wasser einlegen.

2 Limettensaft in einem Pfännchen leicht erwärmen. Die tropfnassen Gelatineblätter dazugeben und unter Rühren vollständig auflösen. 2 EL Joghurtmasse darunter rühren, dann unter die Pfefferminzmasse schwingen. In den Kühlschrank stellen.

3 Sobald die Creme zu gelieren beginnt, Rahm steif schlagen. Unter die Masse ziehen, in Portionenschalen füllen und zugedeckt mindestens 2 Stunden im Kühlschrank fest werden lassen.

4 Unterdessen Orangensaft mit dem Orangenblütenwasser mischen. Datteln längs vierteln, entsteinen und dazugeben. Zugedeckt mindestens 1 Stunde ziehen lassen, dann auf der Mousse anrichten.

TIPP

Die Masse kann auch in einem grösseren Gefäss kühl gestellt werden. In diesem Fall mit einem in heisses Wasser getauchten Esslöffel von der Mousse Nocken abstechen, diese anrichten und die Datteln dazulegen.
Pfefferminze harmoniert ausgezeichnet mit Orangen. Orangenblütenwasser kann auch durch 1 EL Orangenlikör ersetzt werden.

Pot-pourri aux fruits

Marinierte Trockenfrüchte

MAROKKO

4 Portionen als Dessert

Marinade:

- 1/2 l Wasser
- 50 g Rohzucker
- 5 cm Zimtstange
- 3 Nelken
- 2 Kardamomkapseln
- 1 Sternanis

- 1 TL Orangenblütenwasser (5 ml, für 1/4 l Flüssigkeit)
- 200 g Trockenfrüchte: Ananas, Äpfel, Aprikosen, Birnen, Kokos, Kumquats, Mangos, Melonen, Papaya, entsteinte Pflaumen, Pfirsiche etc.
- 2 EL Pinienkerne

1 Am Vortag: alle Marinadezutaten erhitzen und zugedeckt 45 Minuten köcheln. Auskühlen lassen, Orangenblütenwasser dazugeben und über die Früchte giessen. Zugedeckt über Nacht im Kühlschrank marinieren.

2 Am Zubereitungstag: Marinade abgiessen, Flüssigkeit bis auf ca. 1 dl einkochen. Auskühlen lassen, über die Früchte giessen.

3 Pinienkerne in einer beschichteten Bratpfanne ohne Fett goldbraun rösten und über die Früchte streuen.

TIPP
Nach Belieben mit Vanille- oder Zimtglace servieren.

Couscous seffa

Couscous mit Sultaninen und Zimt

MAROKKO

4 Portionen als Dessert

- 50 g helle Sultaninen
- 2 EL Puderzucker
- 1 EL Rosenwasser
- 1 TL Zimtpulver
- 1/2 Zitrone, Schale
- 2,5 dl Wasser
- 1 EL Puderzucker
- 1 EL Butter
- 130 g Couscous mittelgross, «fertig in 5 Minuten»

Zimtpulver und Puderzucker (nach Belieben)

1 Sultaninen mit kochendem Wasser übergiessen, 30 Minuten ziehen lassen. Abtropfen und mit Puderzucker, Rosenwasser, Zimt und abgeriebener Zitronenschale mischen.

2 Wasser mit Puderzucker und Butter aufkochen, über das Couscous-Griess giessen und zugedeckt 5 Minuten quellen lassen.

3 Sultaninen unter das Couscous mischen.

Mit Zimt und Puderzucker bestreuen. Nach Belieben mit frischen Früchten servieren.

TIPP

Variante zum Servieren: Couscous leicht in Portionenförmchen pressen und auf Teller stürzen.

Die Safari-Küche

Zu Gast in unendlichen Weiten

Zu Gast in unendlichen Weiten

Kenia, Kwa-Zulu Natal, Namibia, Uganda oder Tansania. Ob im Amboseli- oder Samburu-Reservat, im Krüger- oder Etosha-Nationalpark: Afrikas unendlich scheinende Weiten bieten unzählige Möglichkeiten, die freie Wildnis mit ihrer vielfältigen Tierwelt hautnah zu erleben. Praktisch jeder afrikanische Staat hat auch safarimässig etwas zu bieten. Dass dabei die kulinarischen Bedürfnisse nicht zu kurz kommen, dafür sorgen luxuriöse Safari-Lodges oder komfortable Busch-Camps mit einem reichhaltigen wie auch beeindruckenden Verwöhn-Repertoire.

Kulinarische Oasen

Lebensmittel sind in der Savanne nicht einfach verfügbar, ausser vielleicht Fleisch, das es gewissermassen vor Ort gibt. Gemüse, Getreide und Getränke müssen oft von weit her angeliefert werden. Problemlos haltbare Lebensmittel wie lagerfähiges Gemüse oder Trockenfrüchte finden deshalb bevorzugt in der Safari-Küche Verwendung, was die kulinarischen Erlebnisse keineswegs schmälert.

Guten Morgen, Afrika!

Wer die Tiere in freier Wildbahn beobachten möchte, muss früh auf die Pirsch, bevor die Hitze des Tages das Wild an die Schattenplätze der Savanne treibt. Zebras, Giraffen, Gnus, ein paar Oryx-Antilopen ziehen unbeirrt ihrer Wege. Da: eine Elefantenfamilie! Das Frühaufstehen hat sich gelohnt. In doppelter Hinsicht, denn plötzlich wird ein Überraschungs-Imbiss mitten im Busch serviert: köstliche Gemüseklösschen, knuspriges Brot und herrliche Früchte.

Faszinierendes Farbenspiel

Flirrende Hitze über der strohgelben Savanne der Serengeti. Fast unwirklich die schneebedeckte Spitze des Mount Kilimanjaro. Kontrastierendes Spiel von Licht und Schatten in den Sanddünen Namibias unter sattblauem Himmel.

Erfrischung am Nachmittag

«Rock Shandy» heisst ein alkoholfreier Drink, der in vielen Staaten praktisch zum Nationalgetränk avanciert ist: Zitronenlimonade, ein Spritzer Angostura Bitter, ein Schuss Limettensaft und Mineralwasser mit viiiiel Eis. Eine echte Erfrischung, die nicht nur in den Safari Camps angeboten wird.

Sundowner und Dinner

Nach einer Siesta gilt es, sich zwischen einem Ausflug zu den Himbas oder an die Küste zu entscheiden. Sicher ist, dass Sie danach ein Sundowner und ein exzellentes Dinner erwarten!

Der Himmel färbt sich in tiefen Rot- und Orangetönen. Je mehr Wolken über den Horizont ziehen, desto spektakulärer gestaltet sich der Sonnenuntergang. Ein Eintrag ins Tagebuch, oder ganz einfach den Gedanken freien Lauf lassen? Kudu, Impala oder Strauss, die Sie tagsüber rechts und links auf Ihrem Weg beobachtet haben, finden Sie abends auch auf der Speisekarte. Versuchen Sie doch einmal den Springbockrücken in Pfefferkruste, wie er in Namibia serviert wird. Oder steht Ihnen der Sinn eher nach einem frisch gefangenen Fisch aus der Walfischbucht? Den Desserts sollten Sie auf jeden Fall Beachtung schenken: schliesslich ist auch morgen wieder voller Einsatz gefragt!

Zurück in der eigenen Küche

Um die Gerichte in diesem Buch zu kochen, brauchen Sie weder Landrover noch Flinte. So gut wie alle Zutaten sind bei uns problemlos erhältlich. Wenn Sie dennoch auf die Jagd gehen möchten, so tun Sie dies am besten mit der Kamera, um festzuhalten, wie einfach die Zubereitung der Safari-Rezepte ist!

Mangochutney

Jamswurzel

Trockenfrüchte

Hirse
Sie gedeiht selbst bei grosser Trockenheit in den heissen Gebieten der Erde. Die kleinen, harten Körner werden als Brei gegessen oder gemahlen zu Fladenbrot gebacken. Die so genannte Mohrenhirse oder Durra ist das wichtigste Brotgetreide in Afrika. Hirse enthält kein Klebereiweiss (Gluten) und ergibt deshalb flache Brotfladen. Dieses Buch enthält keine Hirserezepte.

Ingwer
Die asiatische Wurzel verleiht mit ihrer brennend-süssen Schärfe verschiedenen Gerichten eine fruchtige, frische Note, macht Fleisch mürbe und ist zudem verdauungsfördernd. Ingwer wird meist frisch gerieben verwendet, ist jedoch auch in kandierter Form erhältlich.

Jamswurzel
Die Wurzelknollen einer tropischen Kletterpflanze sind stärkereich und mehlig mit meist süsslichem Geschmack. Die Jamswurzel, auch Knollenbohne oder Yam genannt, ist ein wichtiges und geschätztes Grundnahrungsmittel in Afrika – in unseren Breitengraden jedoch gewöhnungsbedürftig und eher schwer erhältlich. Deshalb wurde die Wurzel in diesem Buch in keinem Gericht rezeptiert.

Kokosnuss-Extrakt
Die eingedickte Kokosmilch ist in Dosen erhältlich. Kokosmilch reagiert beim Kochen wie Kuhmilch-Produkte: Zusammen mit säurehaltigen Zutaten wie Tomaten oder Limetten kann sie beim Erhitzen ausflocken. Deshalb Kokosmilch mit Vorteil erst zum Schluss beigeben und nur noch heiss werden lassen.

Mangochutney
Pikante, süss-scharfe Sauce aus Mangos, Essig, Chili und weiteren Gewürzen. Im Handel sind fruchtige, süsse, scharfe und milde Sorten erhältlich. Meist sind Chutneys nur als exotische Beilage bekannt, geben aber

'er

Palmöl, Olivenöl, Erdnussöl

Maniok

auch Saucen (Seite 62) oder Fleischgerichten (Seite 122) eine fruchtige Note.

Maniok

Auch als Pfeilwurzel oder Kassave bezeichnete, stärkehaltige Wurzel eines tropischen Strauchs. Gekochter Maniok ist ein Grundnahrungsmittel in Afrika und wird in grossen Mengen auch in Form von Stärkeprodukten für Brei, Fladen oder Suppen eingesetzt. Die verkleisterten, kleinen Stärkeklümpchen kommen als Sago in den Handel. Tapioka ist ebenfalls ein Stärkemehl aus den Wurzelknollen des Manioks.
Fufu-Bällchen, die für die afrikanische Küche sehr typisch sind, bestehen aus gekochtem Maniok und Kochbananen, die in einem Mörser zu einer zähen Masse zerstampft und zu Klösschen geformt werden. Die Zubereitung ist sehr aufwändig, das Resultat für verwöhnte europäische Gaumen wenig attraktiv. In diesem Buch werden anstelle von Maniok Kartoffeln oder Weizenprodukte verwendet.

Palmöl, Olivenöl, Erdnussöl

Palmöl (Bild: vorne) ist eine wichtige Zutat zum Braten und Backen in der afrikanischen Küche. Bei uns ist das Öl eher als Rohstoff in vielen Lebensmitteln enthalten, als dass es zum Kochen verwendet wird. Statt dem in den vorliegenden Rezepten verwendeten Oliven- bzw. Erdnussöl (Bild: Mitte und hinten) kann in der Regel genauso gut Palmöl verwendet werden. Für die Palmölproduktion werden zum Teil Tropenwälder abgeholzt, die für das weltweite ökologische Gleichgewicht unabdingbar sind.
Die Migros setzt zusammen mit dem WWF auf nachhaltig produziertes Palmöl, dem kein Tropenwald zum Opfer fällt.

Trockenfrüchte

Die Safariküche greift aus Gründen der Haltbarkeit gern auf Dörrobst zurück, wie Apfelringe, Aprikosen, Birnen, Mangos, Pfirsiche, Pflaumen, Trauben usw.

Ekundu Saladi

Randen-Karotten-Salat

TANSANIA

4 Portionen als Beilage

- 450 g Randen, roh
- 200 g Karotten
- 1 EL glatte Petersilie, grob gehackt

Sauce:

- 2 EL Olivenöl
- 1 Limette, Saft
- 1 TL Senf, mittelscharf
- 1 TL Mangochutney, mild
- 1/2 TL Rohzucker
- 1 EL frischer Ingwer, gerieben
- 1 Knoblauchzehe, gepresst
- 1/2 Schalotte, gehackt
- Salz
- schwarzer Pfeffer aus der Mühle

1 Backofen auf 180 °C vorheizen. Randen waschen, Karotten schälen. Gemüse einzeln in Alufolie gut verpacken. Karotten ca. 20–30 Minuten, Randen ca. 45–60 Minuten backen (je nach Grösse). In der Folie auskühlen lassen.

2 Saucenzutaten mit dem Schwingbesen oder in einem Schüttelbecher gut mischen. Randen schälen, beide Gemüsesorten in Stäbchen schneiden. Mit der Sauce mischen und mit Petersilie bestreuen.

TIPP

Schneller geht es mit bereits gekochten Randen. Das Garen in der Folie bringt jedoch das erdig-süssliche Aroma von Randen besser zur Geltung. In Tansania werden die Knollen in der Glut des Kochfeuers gegart.

Grilled Fish

Ganzer Fisch vom Grill

NAMIBIA

4 Portionen als Hauptgericht

Marinade:
- 10 g kandierter Ingwer
- 1 rote Chilischote
- 1/2 Limette, Schale und Saft
- 1 EL Sojasauce
- 1/4 Knoblauchzehe, gepresst

- 1 Red Snapper oder Dorade Royale, pfannenfertig (ca. 900 g)
- grobes Meersalz

- 2 Tomaten
- 1 Zwiebel
- 1 grüne Peperoni
- Salz

1 Ingwer fein hacken (es sollte ca. 1 EL ergeben), Chili halbieren, entkernen und hacken. Beides mit abgeriebener Limettenschale und -saft, Sojasauce und Knoblauch mischen. Etwas ziehen lassen.

2 Fisch waschen, trocken tupfen, innen und aussen mit reichlich grobem Meersalz bestreuen und 30 Minuten ziehen lassen. Fisch abspülen und trocken tupfen, auf beiden Seiten quer einige Einschnitte anbringen. Gut mit der Marinade einreiben und zugedeckt 1 Stunde kühl stellen.

3 Fisch auf dem Grill beidseitig je ca. 12–15 Minuten grillieren.

4 Unterdessen Tomaten und Zwiebel halbieren und in feine Scheiben, Peperoni in feine Streifen schneiden, alles mit etwas Salz mischen. Auf einer Platte verteilen und den Fisch darauf legen.

Mit Süsskartoffelchips (Seite 106, ohne Sauce) oder Reis servieren.

TIPP

Der Fisch kann auch auf dem Gitterrost mit darunter geschobenem Blech im auf 180 °C vorgeheizten Ofen gebacken werden. Je nach Dicke des Fischs beträgt die Backzeit ca. 25–30 Minuten.

Mango Chicken

Pouletbrust an Mangosauce

SAMBIA

4 Portionen als Hauptgericht

- 600 g Pouletbrust
- 1 Knoblauchzehe, gepresst
- 1 EL frischer Ingwer, gerieben
- 1 reife Mango (350 g)
- 2 EL Erdnussöl
- 3 Schalotten, gehackt (120 g)
- 1 TL Korianderpulver
- 1 TL Kreuzkümmelpulver
- 1 TL Kurkuma
- 1 TL Zimtpulver
- 2 dl Rahm
- Salz
- schwarzer Pfeffer aus der Mühle

1 Pouletbrust mit Knoblauch und Ingwer einreiben, zugedeckt 1 Stunde kühl stellen.

2 Mango schälen, Fruchtfleisch in kleinen Stücken vom Kern schneiden und pürieren. Benötigt werden ca. 220 g Püree.

3 Pouletbrüstchen im Öl bei mittlerer Hitze beidseitig anbraten, bis sie eine schöne Farbe haben. Auf einem vorgewärmten Teller zugedeckt etwas ruhen lassen.

4 Schalotten in der selben Pfanne andünsten, bis sie etwas Farbe annehmen. Gewürze beifügen, mitbraten bis sie zu duften beginnen. Rahm mit dem Mangopüree dazugeben. Unter Rühren ca. 10 Min. köcheln lassen. Mit Salz und Pfeffer abschmecken. Fleisch in mundgerechte Stücke schneiden. Mit dem ausgetretenen Saft zur Sauce geben und heiss werden lassen.

Mit Reis servieren.

TIPP
Wird das Fleisch statt in der Pfanne über Holzkohle grilliert, erhält das Gericht ein besonders feines Aroma. Eine reife Mango erkennt man daran, dass sie duftet und auf leichten Fingerdruck nachgibt. Mangos reifen bei Zimmertemperatur nach.

Lamb «Hunters Joy»

Lammkeule mit Trockenfrüchten

KENIA

6–8 Portionen
als Hauptgericht

150 g Mischobst, getrocknet
25 g Mangoschnitze, getrocknet
1,5 dl roter Portwein

Marinade:
2 EL Johannisbeergelee
1 Limette, Schale und Saft
2 Nelken
1 Lorbeerblatt
1 Rosmarinzweig
etwas Macis oder Muskat
10 schwarze Pfefferkörner, grob zerstossen
2 Knoblauchzehen, gepresst
2 Schalotten, grob gehackt
3 dünne Scheiben frischer Ingwer
2 dl Rotwein

1 Lammkeule ohne Knochen (ca. 1,2 kg)
schwarzer Pfeffer aus der Mühle
2 EL Senf, mittelscharf
1 TL Mehl
1 TL Kakaopulver
1/2 TL Salz
2 EL Traubenkernöl
2 EL kalte Butter

1 3–5 Tage im Voraus: Mischobst (Aprikosen, Birnen, Äpfel, Pflaumen: entsteint!) und Mango im Portwein aufkochen. Zugedeckt auskühlen lassen. Früchte abtropfen, Flüssigkeit im Pfännchen belassen, mit dem Johannisbeergelee erwärmen, bis dieses sich aufgelöst hat. Limettenschale abreiben, Saft auspressen und mit den restlichen Marinadezutaten zum Portwein-Gelee geben.

2 Lammkeule vom Metzger zum Füllen «nach Schmetterlingsart» aufschneiden lassen, so dass ein möglichst flaches und grosses Stück entsteht. Pfeffern, mit Senf bestreichen und mit den Früchten belegen. Satt aufrollen und mit Küchenschnur binden. In einen entsprechend grossen Plastiksack legen (siehe Tipp Seite 110), Marinade dazugeben, gut verschliessen und im Kühlschrank mindestens über Nacht (besser 3–5 Tage) marinieren.

3 Am Zubereitungstag: Fleisch abtropfen und trocken tupfen. Marinade aufkochen, durch ein feines Sieb giessen und beiseite stellen. Backofen auf 200 °C vorheizen.

4 Mehl, Kakao und Salz mischen. Braten darin wenden. In einer ofenfesten Pfanne auf dem Herd im heissen Öl rundum ca. 10 Minuten gut anbraten. Mit der Marinade ablöschen, aufkochen und im Ofen ca. 40–50 Minuten unbedeckt fertig garen. Dabei ab und zu wenden und mit der Marinade begiessen. Das Fleisch ist gar, wenn eine Kerntemperatur von 70 °C erreicht ist (mit Fleischthermometer prüfen).

5 Braten aus der Pfanne nehmen, zugedeckt 5 Minuten ruhen lassen. Unterdessen die verbleibende Flüssigkeit in der Pfanne etwas reduzieren, es sollte nur noch knapp 1 dl vorhanden sein. Butter in Flocken darunter schwenken, Sauce abschmecken. Fleisch in nicht zu dünne Tranchen schneiden, Küchenschnur entfernen.

Mit der Sauce und Bratkartoffeln servieren.

TIPP
Der Braten kann auch mit einem entsprechend aufgeschnittenen Stück Rindfleisch (z.B. Hohrücken) zubereitet werden.

Wildbraten «Ombundja»

Hirsch- oder Springbock-Rücken in Pfefferkruste

NAMIBIA

4 Portionen als Hauptgericht

- 600 g Entrecôte-Stück vom Springbock oder Hirsch, pfannenfertig
- 150 g Karotten
- Salz
- 1/2 Lauchstange
- 1 EL schwarze Pfefferkörner
- 1 Rosmarinzweig
- 1/4 TL Kardamompulver
- 1 EL Bratbutter
- 1 EL Olivenöl
- 3 Thymianzweige
- 4 Wacholderbeeren, gequetscht
- 1 ungeschälte Knoblauchzehe
- 2 dl Rotwein
- 2 EL Wild- oder Kalbsfond, konzentriert, z.B. «Maitre Nicolas»
- 1 EL Cassis-Likör
- 2 EL kalte Butter

1 Fleisch 1 Stunde vor der Zubereitung aus dem Kühlschrank nehmen. Karotten längs halbieren, in ca. 8 cm lange Stücke schneiden und in kochendem Salzwasser 5–6 Minuten knapp weich kochen. In Eiswasser kalt abschrecken. Lauch in 2 ca. 8 cm lange Stücke schneiden und diese längs halbieren. Pfeffer mit Hilfe eines Pfannenbodens auf einer festen Unterlage grob zerstossen. Rosmarinnadeln abzupfen, sehr fein hacken (es sollte ca. 2 TL ergeben), zum Pfeffer geben. Abgezupfte Stiele beiseite legen. Kardamom mit der Pfeffer-Rosmarin-Mischung vermengen, auf der Arbeitsfläche verteilen.

2 Backofen mit einer ofenfesten Form auf 80 °C vorheizen. Fleisch trocken tupfen, in der Pfeffer-Mischung wälzen und diese gut andrücken. In einer Pfanne auf dem Herd in der mässig heissen Butter-Olivenöl-Mischung rundum ca. 10 Minuten anbraten, bis es eine schöne Farbe hat. Salzen.

3 Karotten und Lauch mit der Schnittfläche nach oben abwechslungsweise in die Form im Ofen legen. Entrecôte darauf setzen und 45–60 Minuten garen. Das Fleisch alle 10 Minuten wenden. Es ist gar, wenn eine Kerntemperatur von 60 °C erreicht ist (mit Fleischthermometer prüfen).

4 Unterdessen Thymian, Wacholder, Knoblauch und leergezupfte Rosmarinstiele zum Bratensatz geben. Andünsten, mit Wein ablöschen und auf die Hälfte einkochen. Durch ein Sieb in ein Saucenpfännchen giessen. Wildfond und Cassis-Likör beigeben. Butter in Flocken darunter schwenken und abschmecken.

5 Ausgetretenen Fleischsaft zur Sauce rühren. Entrecôte tranchieren, auf dem Gemüse anrichten und mit der Sauce umgiessen.

Mit Erbsen-Mais-Kartoffel-Püree (Seite 72) oder Reis servieren.

TIPP

Wild- und Kalbsfond sind in unterschiedlichen Konzentrationen erhältlich. Das hier verwendete Produkt ist dickflüssig, d.h. es ist so konzentriert, dass es in kaltem Zustand geliert. Von anderen, dünnflüssigen Produkten muss je nach Fabrikat eine grössere Menge eingesetzt und entsprechend eingekocht werden.

Irio

Erbsen-Mais-Kartoffel-Püree

KENIA

4 Portionen als Beilage

- 500 g Kartoffeln, mehlig kochend
- 150 g grüne Erbsen (tiefgekühlt)
- Salz
- 1/2 rote Peperoni
- 1 Zwiebel, gehackt
- 1 EL frischer Ingwer, gerieben
- 1 EL Olivenöl
- 140 g Maiskörner (aus der Dose)
- 1,5–2 dl Milch, heiss
- Salz
- schwarzer Pfeffer aus der Mühle
- 1/2 TL Currypulver, scharf

1 Kartoffeln schälen, grob würfeln und in kaltes Wasser legen. Erbsen in kochendem Salzwasser 2 Minuten blanchieren, herausheben, kalt abschrecken. Kartoffeln im selben Wasser ca. 25 Minuten weich kochen. Peperoni in kleinste Würfel schneiden.

2 Zwiebel, Ingwer und Peperoni im heissen Öl gut andünsten. Mais beigeben und kurz mitdünsten. Kartoffeln durchs Passe-vite drehen, dazugeben und gut mischen. Milch dazugiessen und alles zu einer geschmeidigen Masse rühren. Mit Salz, Pfeffer und Curry würzen.

3 Erbsen darunter mischen, kurz ziehen lassen und in einer Servierschüssel anrichten.

Als Beilage zu weiteren Gerichten servieren. Als vegetarisches Hauptgericht die doppelte Menge zubereiten.

TIPP
Die Zusammensetzung dieser Beilage ist regional verschieden: Zu den Kartoffeln können sich auch schwarze, gekochte Bohnen oder Gemüsebananen gesellen.

Fried Vegetable Balls

Gemüseklösschen

KENIA

4 Portionen als Beilage

- 100 g Karotten, gewürfelt
- 100 g grüne Erbsen (tiefgekühlt)
- 100 g Blattspinat
- 200 g Kartoffeln, mehlig kochend, gewürfelt
- Salz
- 140 g Maiskörner (aus der Dose)
- 1/2 TL Currypulver, scharf
- 1 Ei, verquirlt
- 1–2 EL Maisgriess, fein
- schwarzer Pfeffer aus der Mühle

- Erdnussöl zum Frittieren
- 1 Zitrone
- Mangochutney

1 Karotten, Erbsen, Spinat und Kartoffeln nacheinander in Salzwasser weich kochen. Abtropfen, Spinat gut ausdrücken. Mit Maiskörnern und Curry nicht zu fein pürieren. Ei und Maisgriess darunter mischen und mit Salz und Pfeffer abschmecken.

2 Masse mit 2 Teelöffeln zu Klösschen formen und vorsichtig ins 190 °C heisse Öl gleiten lassen. 2–3 Minuten frittieren, bis die Klösschen etwas Farbe annehmen. Auf Haushaltpapier abtropfen. Zitrone in Scheiben schneiden und mit Mangochutney zu den Klösschen servieren.

TIPP

Gemüse-Varianten: Blumenkohl, Brokkoli, Fenchel, Knollensellerie oder Kürbis eignen sich ebenfalls. Die Kartoffelmenge sollte der Bindung wegen beibehalten werden.

Banana Peaks

Bananen mit Orangensauce

BOTSWANA

4 Portionen als Dessert

Sauce:

- 1 Orange, Schale und Saft
- 1/2 Limette, Schale und Saft
- 30 g Zucker
- 1/2 TL Zimtpulver
- 1/4 TL Kardamompulver
- 50 g Butter

- 3 EL Kokosraspel
- 4 Bananen
- Butter für die Form

1 Orangen- und Limettenschale fein abreiben, Saft auspressen. Mit den weiteren Saucenzutaten in einem Pfännchen leicht erwärmen, bis die Butter schmilzt. Gut mischen.

2 Kokosraspel in einer beschichteten Bratpfanne ohne Fett goldbraun rösten. Backofen auf 200 °C vorheizen.

3 Bananen schälen, in 5 cm lange Stücke schneiden und diese schräg halbieren. In eine gebutterte Gratinform stellen. Die Sauce darüber giessen und im Ofen ca. 8–10 Minuten backen. Dabei ab und zu begiessen.

4 Kokosraspel über die Bananen streuen und noch heiss servieren.

TIPP

Die Bananenstücke kreisförmig in Portionen-Gratinformen stellen und nach dem Backen je 1 Kugel Vanilleglace in die Mitte setzen.

Die schwarzafrikanische Küche

Kulinarische Entdeckungsreisen

Kulinarische Entdeckungsreisen

Kaum ein Erdteil weist so viele Völker auf wie Afrika. Der Riesenkontinent birgt daher auch eine unendliche Vielfalt an Sprachen und Traditionen. Der Begriff Schwarzafrika umfasst alle Staaten, die von Schwarzen bewohnt und regiert werden. Die schwarzafrikanische Küche bietet somit eine unermessliche Fülle verschiedenster Kulturen und Gewohnheiten. Wir können hier mit unseren wenigen Rezepten nur eine Idee von schwarzafrikanischer Küche erwecken und wissen, dass wir damit nur einen mehr oder weniger willkürlichen Einblick liefern.

Afrikanische Essgewohnheiten

Getreide wird in hohen Mörsern zerstampft, an denen zwei bis drei Frauen oft stundenlang arbeiten. Für Foto-Touristen ist dies das typische Bild des ursprünglichen Afrika.

Aus zerstossenen Körnern und Wurzeln werden breiartige Speisen zubereitet. Sie sind Afrikas Ersatz für Brot und andere uns vertraute Beilagen. Ein Brei besteht hauptsächlich aus Mais, Maniok oder Hirse und ist meist so dick, dass man ihn mit den Fingern essen kann. Eine Sauce oder ein Eintopf aus Gemüse – selten mit Fleisch oder Fisch – bringt dazu etwas Abwechslung, ist jedoch nicht das Wesentliche. Nur der Brei ist «richtiges Essen».

Diese Aussage hat für viele Völker Schwarzafrikas noch immer Gültigkeit, es gibt allerdings auch andere Essgewohnheiten, mit denen wir uns hier etwas näher befassen möchten.

Mangel und Vielfalt

Gebiete mit harten Lebensbedingungen, wo Wassermangel zum Alltag gehört, lassen immer auch an Hunger in Afrika denken. Westafrika, zu dem auch die für Ernährungsmangel bekannte Sahelzone gehört, könnte durch seine landwirtschaftliche Produktion theoretisch die gesamte Bevölkerung ernähren. Schwierigkeiten entstehen aber immer dort, wo Lebensmittel nicht zum Ort des Bedarfs transportiert werden können, weil es keine Strassen gibt. Oder der Anbau ist ausschliesslich für den Export angelegt, während für Produkte, die eine ausgewogene Ernährung der Bevölkerung sicherstellen, kein Platz bleibt. Natürlich spielen auch andere Faktoren wie Krieg, Korruption und politische Wirren eine Rolle.

Gegensätze der Regionen

Fruchtbare und ertragreiche Gebiete wechseln sich mit kargen Trockensavannen ab, fischreiche Küstenregionen mit schroffen Gebirgsgegenden. Der Besuch einzelner Staaten führt unwillkürlich zu einer kulinarischen Entdeckungsreise. Menschen fremder Kulturen sprechen nicht nur eine andere Sprache, sie haben auch andere Geschmacksvorlieben. Früchte und Gemüse werden an der Elfenbeinküste zu erfrischenden Salaten gemischt, Riesenkrevetten aus Senegal sind auch bei uns ein Begriff, knackige Erdnüsse werden überraschend mit Blattgemüse kombiniert und die verschwenderische Fülle an aromatischen Gewürzen aus Madagaskar lässt einem das Wasser im Mund zusammenlaufen.

Sprichwörtlich

In Afrika gibt es unendlich viele Sprichwörter. «Für ein gutes Essen braucht es weder Zwiebeln noch Tomaten», lautet eines von der Elfenbeinküste. Das eine oder andere Mal erscheint dieses Gemüse zwar schon in den nachfolgenden Rezepten. Dem Sinn des Sprichwortes werden sie dennoch gerecht: Afrikanische Gerichte bestehen tendenziell aus eher einfachen Zutaten – und man kann aus wenig erstaunlich viel Gutes machen.

Blattgemüse

Ananas

Zitrone, Limette

Ananas

Ghana, Elfenbeinküste und Südafrika sind die Hauptanbauländer der ursprünglich aus Amerika stammenden Tropenfrucht in Afrika. Ein sicheres Zeichen für die Reife einer Ananas ist ein intensiver Duft, der am besten am Stielansatz wahrzunehmen ist. Sind die Spitzen der einzelnen Schuppen auf der Schale braun gefärbt, so ist die Frucht trotz grüner Farbe reif. Ausserdem sollten die Blätter leicht auszuzupfen sein. Ananas reifen bei Zimmertemperatur nach, vertragen jedoch keine Kälte unter 5 °C.

Blattgemüse

Morogo, Kalembula oder Mukusule ist die Bezeichnung für Gemüsegerichte aus den Blättern mehrerer Arten wild wachsender, grüner Pflanzen. Ebenfalls werden sogar Radieschen-, Kohlrabi-, Randen- oder Kürbisblätter verwendet. Blattgemüse trifft man in Afrika überall in vielen Varianten an. Grober Winterspinat oder Mangold sind als Ersatz geeignet.

Erdnüsse

Die Kerne sind reich an Vitamin B und E. Erst das Rösten der Erdnüsse lässt den typischen Geschmack entstehen, roh schmecken die Kerne ähnlich wie Bohnen.
Erdnussbutter (oder eigentlich Erdnussmark) besteht aus gerösteten, grob bis fein gemahlenen Nüssen und findet als Brotaufstrich oder als Zusatz in Saucen und Suppen Verwendung.
Das aus den Kernen gepresste Erdnussöl ist mild im Geschmack, hoch erhitzbar und zeichnet sich durch einen hohen Gehalt an wertvollen Fettsäuren aus.

Kochbananen

Die grüne bis braun-gelbe, grosse Bananenart wird auch als Gemüsebananen oder Plantains bezeichnet. Durch den hohen Stärkegehalt sind die Früchte roh ungeniessbar und werden deshalb wie Kartoffeln gekocht oder gebraten. Man kann sie nicht so leicht wie die süssen Bananen schälen; dazu ritzt man die zähe Schale mit einem Messer ein und zieht

üsse

Kochbananen

Vanilleschoten

sie unter fliessendem Wasser ab. In die grossen, dunkelgrünen Blätter wickelt man Gerichte zum Schmoren ein oder benutzt sie als Teller und Verpackungsmaterial.

Mais

Die nahrhaften Körner zählen frisch und getrocknet zu den Grundnahrungsmitteln in Afrika. «Mealie Pap», der traditionelle Maisbrei, wird aus getrockneten, zerstampften Körnern hergestellt.

Vanilleschoten

Die länglichen Früchte (botanisch korrekt: Bohnen) einer tropischen Kletterorchidee werden kurz vor der Reife geerntet, getrocknet und fermentiert, so dass sich das typische Aroma entwickelt. Die relativ unscheinbaren Blüten öffnen sich nur für einen Tag und müssen meist von Hand bestäubt werden. Diese aufwändige Verarbeitung macht Vanille zu einem der teuersten Gewürze.
Inzwischen wird Vanillin auch synthetisch hergestellt, dem jedoch das feine und vielschichtige Aroma der echten Vanille fehlt. Heute sind Madagaskar, Sansibar und Réunion (früher Bourbon genannt) die Hauptproduzenten von Vanilleschoten.

Zitronen, Limetten

Die feine Säure des Zitronensaftes und das Aroma der -schale gibt vielen Gerichten erst den richtigen Pfiff. Glatte, dünnschalige Zitronen liefern mehr Saft, als solche mit grober, dicker Schale.
Die etwas teureren Limetten, auch als «Zitronen der Tropen» bezeichnet, weisen ein meist kernloses, grünliches Fruchtfleisch auf und sind fast doppelt so saftig wie Zitronen und noch um einiges aromatischer.
Wird die Schale von Zitrusfrüchten verwendet, ist es wichtig, diese dünn abzureiben oder abzuziehen, denn das Weisse unter der gelben bzw. grünen Schale ist bitter.

Salade «Côte-d'Ivoire»

Ananas-Melonen-Salat

ELFENBEINKÜSTE

4 Portionen als Vorspeise oder Beilage

Sauce:

- 1 grüne Chilischote
- 2 EL Minze, grob gehackt
- 1/2 EL Rohzucker
- 50 g Joghurt nature
- 1 TL Senf, mittelscharf
- 1 TL Worcestershire Sauce
- 1 TL Zitronensaft
- 1 Knoblauchzehe, gepresst
- 1/4 TL Salz

- 1 EL Sesamsamen
- 1 Ananas (800 g)
- 1 Netzmelone (700 g)
- 1/2 rote Peperoni
- 1–2 Schalotten, in Streifen

1 Für die Sauce Chili halbieren, entkernen und hacken. Mit Minze und Zucker in einem Mörser fein zerstossen. Mit den weiteren Zutaten zu einer sämigen Sauce rühren und pikant abschmecken.

2 Sesamsamen in einer beschichteten Bratpfanne ohne Fett goldbraun rösten.

3 Ananas schälen, achteln, Strunk entfernen und in 1/2 cm dicke Scheibchen schneiden. Melone halbieren, entkernen, achteln, schälen und ebenfalls in 1/2 cm dicke Scheiben schneiden. Peperoni in feine Streifen schneiden. Alles in eine Schüssel geben, mit der Sauce mischen. Die Sesamsamen darüber streuen und sofort servieren.

Als Beilage mit weiteren Gerichten oder als Vorspeise servieren.

TIPP

Krevetten-Cocktail «Côte-d'Ivoire»: 200 g gekochte «Tail-on» Krevetten unter den Salat mischen.

Bohnensuppe «Sansibar»

Bohnen-Mais-Suppe

TANSANIA

4 Portionen als Vorspeise
100 g weisse Bohnen, getrocknet
1 Stange Sellerie
1 Tomate
1 Schalotte, gehackt
1/2 Knoblauchzehe, gepresst
5 cm Zimtstange
2 Nelken
1 EL Erdnussöl
1/4 TL Kurkumapulver
5 dl Gemüsebouillon
2 TL frischer Ingwer, gerieben
1/2 rote Peperoni
1/2 grüne Peperoni
300 g Maiskörner (aus der Dose)
Salz
schwarzer Pfeffer aus der Mühle

1 Am Vortag: Bohnen in kaltem Wasser über Nacht (12 Stunden) einweichen.

2 Am Zubereitungstag: Sellerie in kleine Würfel schneiden. Tomate kreuzweise einschneiden, in kochendes Wasser tauchen bis sich die Haut zu lösen beginnt, kalt abschrecken, schälen und würfeln.

3 Schalotte, Knoblauch, Sellerie, Zimt und Nelken im heissen Öl andünsten. Kurkuma und Tomatenwürfel mit den abgetropften Bohnen beigeben und kurz mitdünsten. Mit 3 dl Bouillon ablöschen und zugedeckt ca. 30 Minuten köcheln, bis die Bohnen weich sind.

4 Zimtstange und Nelken entfernen, Ingwer beigeben. Suppe pürieren. Die restlichen 2 dl Bouillon dazugeben und allenfalls mit etwas Wasser zur gewünschten Konsistenz verdünnen.

5 Rote und grüne Peperoni in 1/2 cm grosse Würfel schneiden, mit den abgetropften Maiskörnern zur Suppe geben. Aufkochen und 10 Minuten ziehen lassen. Mit Salz und Pfeffer abschmecken.

TIPP

Getrocknete Bohnen sind ein wichtiger Bestandteil der afrikanischen Küche. Sie sind gute Eiweiss- und Kohlenhydrat-Lieferanten und problemlos haltbar.

Crevettes à la mode de Dakar

Krevetten mit Knoblauchsauce

SENEGAL

4 Portionen als Hauptgericht

800 g grosse, rohe, ganze Krevetten
2 EL Butter
1 EL frischer Ingwer, gerieben

Sauce:
1 rote Chilischote
100 g Butter
2 Knoblauchzehen, gepresst
1 EL frischer Ingwer, gerieben
1 EL glatte Petersilie, gehackt
1/2 Zitrone, Saft
Salz
schwarzer Pfeffer aus der Mühle

1 Krevetten waschen, auf die Bauchseite legen, längs halbieren (am besten mit einem Brotmesser). Darm (schwarzer Faden) entfernen. Eine grosse, flache Gratinform mit etwas Butter bestreichen. Die Krevetten mit der Fleischseite nach oben nebeneinander hineinlegen, Ingwer und Butter in Flocken darüber verteilen. Backofen auf 250 °C vorheizen.

2 Für die Sauce Chili halbieren, entkernen und hacken. Butter bei kleiner Hitze schmelzen. Chili, Knoblauch und Ingwer dazugeben. Pfanne vom Herd ziehen, Petersilie beigeben. Mit Zitronensaft, Salz und Pfeffer abschmecken.

3 Gratinform mit den Krevetten im oberen Bereich des Ofens einschieben. Krevetten 4 Minuten garen. Grillschlange zuschalten und weitere 4 Minuten fertiggaren.

Mit der Sauce sowie Reis oder Fladenbrot servieren.

TIPP
Die Garzeit hängt bei diesem Rezept von der Grösse der Krevetten ab. Krevetten nicht zu lange braten, sonst werden sie hart und trocken. Anstelle der ganzen Krevetten können auch 600 g rohe Krevetten ohne Kopf verwendet werden.

Thieboudienne

Fischröllchen auf Tomatenreis

SENEGAL

4 Portionen als Hauptgericht

Füllung:

- 1 rote Chilischote
- 6 Sardellenfilets (aus der Dose)
- 1 Lorbeerblatt
- 1 EL Olivenöl
- 2 Knoblauchzehen, gepresst
- 2 Schalotten, gehackt
- 1 EL Paniermehl
- 1/2 Limette, Saft
- 3 EL glatte Petersilie, gehackt

- 600 g Fischfilets: Rotzunge, Flunder oder Seezunge
- Salz
- schwarzer Pfeffer aus der Mühle
- ca. 12 Holzzahnstocher

- 2 Auberginen
- 2 EL Olivenöl
- 1/4 TL Kreuzkümmelpulver

Tomatenreis:

- 200 g Tomaten
- 2 Stangen Sellerie
- 2 Frühlingszwiebeln
- 1 Würfel Gemüsebouillon
- 5 dl Wasser
- 1 Knoblauchzehe, gepresst
- 1 Nelke
- 1 EL Olivenöl
- 300 g Lang- oder Mittelkornreis, z.B. Carolina

1 Für die Füllung Chili halbieren, entkernen. Sardellenfilets mit Haushaltpapier trocken tupfen. Beides mit dem Lorbeerblatt fein hacken. Im heissen Öl zusammen mit Knoblauch, Schalotten und Paniermehl andünsten. Pfanne vom Herd ziehen, Limettensaft und Petersilie darunter mischen, auskühlen lassen.

2 Fischfilets trocken tupfen, längs halbieren. Dünn mit der Füllung bestreichen, von der dicken Seite her aufrollen und mit je einem Zahnstocher fixieren. Zugedeckt kühl stellen.

3 Auberginen in 2 cm grosse Würfel schneiden, mit Salz bestreuen und etwas ziehen lassen.

4 Für den Reis Tomaten kreuzweise einschneiden, in kochendes Wasser tauchen bis sich die Haut zu lösen beginnt, kalt abschrecken, schälen und würfeln. Sellerie in kleine Würfel schneiden. Grüne Teile der Frühlingszwiebeln in Ringe schneiden, weisse Teile grob hacken. Bouillonwürfel mit dem Wasser aufkochen.

5 Knoblauch, weisse Teile der Frühlingszwiebeln, Sellerie und Nelke im heissen Öl andünsten. Reis dazugeben, glasig dünsten. Tomatenwürfel mit der Bouillon beifügen, aufkochen und den Reis halb zugedeckt ca. 10 Minuten garen, bis nur noch wenig Flüssigkeit vorhanden ist. Das Grün der Frühlingszwiebeln darunter mischen. Fischröllchen würzen, auf den Reis stellen, zugedeckt 10 Minuten bei kleinster Hitze ziehen lassen.

6 In der Zwischenzeit Auberginen in einem Sieb überbrausen, abtropfen, trocken tupfen und in einer Schüssel mit dem Öl gut mischen. In einer Bratpfanne ohne weitere Fettzugabe rundum goldbraun braten und mit Kreuzkümmel würzen.

Reis und Fischröllchen auf einer Servierplatte anrichten und die Auberginenwürfel dazu legen.

TIPP

«Thieboudienne» (sprich tschibo-u-dschen) heisst eines der Nationalgerichte in Senegal, das aus mit Kräuterpaste gefüllten Fischfilets, Gemüse und Reis besteht. Das vorliegende Rezept ist eine für uns nachvollziehbare Variante und erhebt keinen Anspruch auf Authentizität!

Poulet «Yassa»

Pouletschenkel mit Zwiebeln und Zitrone

SENEGAL

4 Portionen als Hauptgericht

Marinade:
- 2–3 Zitronen
- 2 EL Senf, mittelscharf
- 1 rote Chilischote
- schwarzer Pfeffer aus der Mühle
- 1/2 TL Zucker
- 1 Prise Nelkenpulver
- 3–4 Zwiebeln (240 g)

- 4–8 Pouletschenkel (800 g)
- Salz
- 1–2 EL Erdnussöl
- 1 dl Wasser

1 Für die Marinade Zitronen auspressen (1,2 dl Saft), mit dem Senf verrühren. Chili halbieren, entkernen, hacken und beigeben. Mit Pfeffer, Zucker und Nelkenpulver abschmecken. Zwiebeln schälen, in ca. 3 mm dicke Scheiben schneiden und in einer flachen Schale auslegen. Pouletschenkel waschen, mit Haushaltpapier trocken tupfen, auf die Zwiebeln legen und mit der Marinade begiessen. Mindestens eine Stunde im Kühlschrank marinieren, ab und zu begiessen.

2 Pouletschenkel abtropfen, mit Haushaltpapier trocken tupfen. Salzen und im heissen Öl rundum goldbraun braten. Herausnehmen und beiseite stellen.

3 Zwiebelscheiben mit der Marinade in die selbe Pfanne geben. Köcheln lassen, bis sie weich und glasig sind. Leicht salzen. 1 dl Wasser und die Pouletschenkel dazugeben und bei kleiner Hitze mindestens 30 Minuten zugedeckt ziehen lassen. Nach Bedarf etwas Wasser dazugiessen, es sollte stets wenig Flüssigkeit vorhanden sein. Mit Salz und Pfeffer abschmecken.

Mit Reis servieren.

TIPP
Yassa ist eines der Nationalgerichte Senegals.

Morogo

Blattgemüse mit Erdnüssen

4 Portionen als Beilage

- 500 g Blattspinat
- 50 g Erdnüsse, geröstet
- 400 g Tomaten
- 1 Zwiebel, gehackt
- 1 Knoblauchzehe, gepresst
- 1 EL Erdnussöl
- 4 EL Kokosnuss-Extrakt (aus der Dose)
- Salz
- schwarzer Pfeffer aus der Mühle

1 Spinat waschen und leicht abtropfen lassen. In einer weiten Pfanne ohne Fettzugabe portionenweise dünsten bis er zusammenfällt. Aus der Pfanne nehmen, etwas abkühlen, grob hacken. Die allfällig in der Pfanne verbleibende Flüssigkeit wegschütten. Erdnüsse grob hacken. Tomaten kreuzweise einschneiden, in kochendes Wasser tauchen bis sich die Haut zu lösen beginnt, kalt abschrecken, schälen, entkernen und würfeln.

2 Zwiebel und Knoblauch im heissen Öl andünsten. Kokosnuss-Extrakt, Erdnüsse, Tomaten und Spinat dazugeben. Heiss werden lassen, aber nicht mehr kochen. Mit Salz und Pfeffer abschmecken.

Als Gemüsebeilage zu weiteren Gerichten servieren.

TIPP
Blattgemüse spielt in der afrikanischen Küche eine wichtige Rolle. Sämtliche essbaren, zum Teil wild wachsenden Blätter werden dazu verwendet, aber auch das Grün von Randen oder Süsskartoffeln, Kürbisblätter oder Mangold. Der bei uns erhältliche, grobe Winterspinat ist als Ersatz am besten geeignet. Wenn es ganz schnell gehen soll, kann auch tiefgefrorener Blattspinat verwendet werden.

Plantain-Fritters

Kochbananen-Küchlein

GHANA

4 Portionen als Beilage

2 nicht mehr ganz grüne Kochbananen (à ca. 300 g)
1 rote Peperoni
3 EL Maisgriess, fein
½ Zwiebel, gehackt
1 Knoblauchzehe, gepresst
1 EL frischer Ingwer, gerieben
1–2 TL Salz

Erdnussöl zum Braten

1 Die Schale der Kochbananen mit einem Messer einritzen und unter fliessendem Wasser abziehen. Kochbananen in Scheiben schneiden, pürieren. Peperoni in sehr kleine Würfelchen schneiden, mit den weiteren Zutaten zu den Bananen geben. Gut mischen und abschmecken.

2 Im heissen Öl je 2 EL der Masse zu ca. 12 kleinen, runden Küchlein formen und beidseitig goldbraun braten.

Als Beilage mit weiteren Gerichten, oder mit einem Salat als kleine Mahlzeit servieren.

TIPP

Kochbananen sind unreif (grün) oder mit einer leichten Gelbfärbung (halbreif) erhältlich.
Die Masse kann auch auf Backpapier ohne Fettzugabe im Ofen bei 180 °C gebacken werden.

Crème au citron vert «Madagasca

Limettencreme auf Ananas

4 Portionen als Dessert

Creme:
- 2 Eier
- 1 Limette, Schale und Saft
- 20 g Puderzucker
- 2 Blatt Gelatine
- 20 g Zucker

Ananas:
- 1/2 Vanilleschote
- 4 EL Puderzucker
- 2 EL Wasser
- 1/2 Limette, Saft
- 1/2 dl Wasser
- 1 EL Butter
- 1 Ananas (600 g)

1 Für die Limettencreme Eier trennen, Eiweiss beiseite stellen. Limettenschale zum Eigelb reiben und mit Puderzucker in der Küchenmaschine zu einer hellen, schaumigen Masse rühren. Gelatine 5 Minuten in kaltes Wasser einlegen.

2 Limettensaft auspressen, in einem Pfännchen leicht erwärmen. Die tropfnassen Gelatineblätter dazugeben. Unter Rühren vollständig auflösen. 2 EL Eimasse darunter rühren, dann alles unter die restliche Eimasse schwingen.

3 Eiweiss mit Zucker steif schlagen, die Eimasse vorsichtig darunter ziehen. In 4 kalt ausgespülte Förmchen à ca. 1,5 dl füllen, mit Klarsichtfolie bedecken und im Kühlschrank mindestens 2 Stunden fest werden lassen.

4 Für die Sauce Vanilleschote aufschlitzen, Samen herauskratzen. Puderzucker und Wasser mischen, aufkochen und bei mittlerer Hitze hellbraun karamellisieren. Mit Limettensaft und Wasser ablöschen (Vorsicht: die Masse ist sehr heiss!). Vanillesamen und Schote beifügen und bei kleiner Hitze so lange rühren, bis sich der Karamell vollständig aufgelöst hat. Butter darunter schwenken, nicht mehr kochen. Vanilleschote entfernen.

5 Ananas schälen, längs halbieren, Strunk herausschneiden und in möglichst dünne Scheiben schneiden. Auf 4 Tellern rosettenförmig anrichten. Sauce nochmals erwärmen, über die Ananasscheiben giessen. Die Förmchen kurz in heisses Wasser tauchen, die Creme auf die Ananasscheiben stürzen und sofort servieren.

TIPP

Ananas geht wunderbare Geschmacksverbindungen mit Vanille, aber auch z.B. mit Pfefferminze (siehe Seite 84) ein.

Die Kap-Küche

Südafrikanische Lebensfreude

Südafrikanische Lebensfreude

Südafrika ist zwar bekannt für eine gute Küche – leider nicht unbedingt für die eigene. Die eigentliche südafrikanische Küche wurde nämlich erst vor einigen Jahren wieder richtig aktiviert, nachdem das «Culinary Team» vom Kap an der Kocholympiade 1992 mit dem Weltmeistertitel von sich reden machte. Neben der traditionellen südafrikanischen Küche stehen viele andere wie die der Kapmalaien, der Inder, der Buren usw.

Die Küche der Schwarzen

«Mealie Pap», ein Maisbrei, ist unbestritten das Grundnahrungsmittel der schwarzen Bevölkerung. Hinzu kommen Kartoffeln als Gemüsebeilage und Fleisch, meistens vom Lamm. Als Fleischersatz gilt «Morogo», ein Gemüsegericht aus den Blättern mehrerer Arten wild wachsender, grüner Pflanzen.

Die Küche der Weissen

Die Mehrheit der weissen Bevölkerung südafrikanischer Staaten sind Nachkommen europäischer Nationen: die Buren aus den Niederlanden, Engländer, die nach den Holländern die Herrschaft übernahmen, oder deutsche Siedler in Namibia. Die Kolonialherren – aber auch die ansässigen Malaien, Inder und Portugiesen – beeinflussten weitgehend die ursprüngliche Küche der schwarzen Einheimischen. So entstanden «Denningfleis», ein malaiisches Lammgericht, «Bredie», ein Eintopfgericht, oder «Bobotie», ein Lamm-Curry-Auflauf, «Biltong», gewürztes Trockenfleisch von verschiedenem Wild, nicht zu vergessen «Sosaties», die berühmten Lammfleisch-Aprikosen-Spiesschen.

Südafrikanisches Grillvergnügen

«Braai», das traditionelle Barbecue, ist wohl der typischste Bestandteil der Kap-Küche und immer auch ein gesellschaftlicher (Gross-)Anlass. Gegrillt wird eine riesige Menge verschiedener Fleischsorten mit reichhaltigen Beilagen. Die Anwesen wohlhabender Südafrikaner sind praktisch alle mit einem fixen Grillplatz ausgestattet, so dass ohne weiteres eine stattliche Gästeschar bewirtet werden kann.

Vielfältige Gegensätze

Blütenmeere von Jacarandabäumen in den Nordprovinzen und karge Kalahari-Wüste. Die schroffen Drakensberge und liebliche Weinberge in den Cape Winelands. Unweit der Luxushotels in der Kapregion stehen die Wellblechhütten der armen schwarzen Bevölkerung, die Townships. Faszinierend in beinahe unwirklichen Farben, die Sanddünen der Namib-Wüste in Namibia.

Reichhaltiges Angebot

Ob Fleisch, Fisch, Gemüse oder Früchte, das Angebot lässt kaum einen Wunsch offen. Überaus beliebt ist im Süden Afrikas Lammfleisch, das in vielen Variationen zubereitet wird, oder Fisch in frischester Qualität aus den Küstenregionen und den Binnenseen, wie zum Beispiel dem Malawi-See, und natürlich verschiedene Getreidearten wie Mais, Hirse, Weizen. Es gibt eine immense Vielfalt von Gemüse und herrlichen Früchten. Am Bekanntesten ist wohl auch bei uns «Physalis», die Kapstachelbeere. Rund um Kapstadt befinden sich die berühmten Weinanbaugebiete. Chardonnay und Sauvignon blanc, im Eichenfass ausgebaut, zählen zu den international geschätzten südafrikanischen Weissweinen. Pinotage-, Cabernet-, Merlot- und Shiraz-Trauben werden ebenfalls erfolgreich angebaut und als Rotweine gekeltert.
Vielfarbig wie ein Regenbogen ist die Küche der südafrikanischen Staaten. Lassen Sie sich verzaubern von den vielfältigen Einflüssen der Völker und Kulturen!

Süsskartoffeln

Tamarinden-Extrakt

Kaffirlimettenblätter

Aprikosen, getrocknet

Das zarte, süss-säuerliche Fleisch von getrockneten Aprikosen eignet sich sowohl zum Naschen, wie auch zum Kochen. Das feine Aroma dieser Steinfrüchte begleitet sehr gut auch pikante Zubereitungen wie zum Beispiel die Spiesschen auf Seite 112.

Garam Masala

Durch indische Einwanderer hat diese aromatische Gewürzmischung schon vor langer Zeit in der südafrikanischen Küche Fuss gefasst. Die Basis besteht aus Koriander und Kreuzkümmel mit süssen Gewürzen wie Kardamom, Muskatblüte, Nelken und Zimt. Zusammen mit malaiischen Einflüssen bereichern auch heute indische Gewürze die berauschende Vielfalt der in der Kap-Küche verwendeten Mischungen.

Kaffirlimettenblätter

Die Blätter mit der ungewöhnlichen Doppelform besitzen, wie Saft und Schale der Kaffirlimetten, ein überaus frisches, zitroniges Aroma. Kaffirlimetten-Blätter sind in Asia-Geschäften erhältlich. Ebenso können Zitronenblätter verwendet werden.

Kardamomkapseln

Kardamom ist eines der ältesten Gewürze und nach Safran und Vanille das drittteuerste. Die hocharomatischen Samen verpacken sich in der grünen Samenkapsel sozusagen selbst und sollten erst kurz vor dem Gebrauch aus der fast papierähnlichen Hülle befreit und fein zerstossen werden. Es sei denn, die aufgebrochene Kapsel wird als Ganzes mitgekocht und vor dem Servieren wieder entfernt. Mit seinem süsslich-scharfen, warmen und runden Aroma ist Kardamom vielseitig einsetzbar, von süssen Speisen bis zu Fisch und Fleisch.

Kreuzkümmel

Der Kreuzkümmel unterscheidet sich wesentlich von unserem einheimischen Kümmel, der für dieses typisch orientalische Gewürz kein Ersatz ist.

Kardamomkapseln

Aprikosen, getrocknet

Kürbis

Das Kochgemüse ist in ganz Afrika beliebt. Gut haltbar und vielseitig zu verwenden, sind verschiedene Kürbisarten ein wichtiger Bestandteil der afrikanischen Küche. Ist das Fruchtfleisch verwertet, dienen die ausgehöhlten Hüllen als Wasserbehälter.

Kurkuma

Das intensiv gelb färbende Pulver ist ein unverzichtbarer Bestandteil jeder Curry-Mischung. Nebst der farbgebenden ist auch die verdauungsfördernde Eigenschaft dieser Wurzel nicht zu verachten. Als Ersatz für Safran kann Kurkuma jedoch lediglich die Farbe, nicht aber dessen Aroma ersetzen.

Okra

Okraschoten, Gombo oder Ladyfingers haben ihren Ursprung in Äthiopien und zählen zum ältesten Gemüse überhaupt. Die Schoten mit bohnenartigem Geschmack werden meist gebraten oder gedünstet. Gekocht sondern sie einen Schleim ab, der nicht jedermanns Sache ist. Im Rezept auf Seite 128 ist dies jedoch nicht der Fall.

Süsskartoffeln

Die meist rotschaligen Knollen mit dem lachsfarbenen Fleisch haben mit Kartoffeln weniger gemein als ihr Name vermuten lässt, gehören sie doch nicht zu den Nachtschattengewächsen. Ausserdem unterscheiden sie sich in der Grösse und dem süsslichen Geschmack. Bezüglich Stärkegehalt, Kochverhalten und Garzeit sind Bataten, wie sie auch genannt werden, jedoch mit Kartoffeln vergleichbar, und können gebraten, gebacken oder als Chips frittiert werden.

Tamarinden-Extrakt

Das Konzentrat aus einer Hülsenfrucht enthält eine fruchtige Säure, die nicht nur aromatisiert, sondern gleichzeitig auch konserviert. Falls der Extrakt nicht entkernt ist, weicht man ihn vor Gebrauch in wenig warmem Wasser ein und streicht ihn durch ein Sieb.

Chips'n'Lime

Süsskartoffel-Chips mit Limettensauce

4–6 Portionen als Snack

Sauce:
- 2 Limetten, Schale und Saft
- 100 g Puderzucker
- 1/2 TL getrocknete Chilischoten, zerstossen
- 1,5 dl Wasser

- 4 Süsskartoffeln (ca. 500 g)

- Erdnussöl zum Frittieren
- Salz

1 Für die Sauce Limettenschale abreiben, Saft dazupressen. Mit Puderzucker, Chili und Wasser aufkochen. Gut 5 Minuten köcheln lassen, bis die Flüssigkeit sirupartig eindickt. In eine kleine Servierschale füllen.

2 Süsskartoffeln schälen. In 2–3 mm dicke Scheiben schneiden und zwischen Haushaltpapier trocknen. Portionenweise im 190 °C heissen Öl 2 Minuten vorfrittieren. Heraus heben und sobald das Öl wieder 190 °C erreicht hat, ca. weitere 3 Minuten frittieren, bis die Chips goldgelb und knusprig sind. Auf Haushaltpapier abtropfen, salzen und mit der Limettensause als Dip servieren.

TIPP
Dieser Snack ist auch beim traditionellen südafrikanischen Barbecue «Braai» (siehe Seite 110) sehr beliebt.

Mango Salad «Port Elizabeth»

Mango-Gurken-Salat

4 Portionen als Vorspeise oder Beilage

Sauce:

- 1 rote Chilischote
- 2 EL Kokosnuss-Extrakt (aus der Dose)
- 1/2 EL Mayonnaise
- 1 TL Senf, mittelscharf
- 1 TL Sojasauce
- 1/2 Knoblauchzehe, gepresst
- 1/2 Limette, Saft
- 1 TL Rohzucker
- Salz
- schwarzer Pfeffer aus der Mühle

- 1 EL Pinienkerne
- 1 reife Mango (350 g)
- 1 Freilandgurke (250 g)
- 100 g Cherrytomaten
- 1 Bund Schnittlauch

1 Für die Sauce Chili halbieren, entkernen und hacken. Mit den weiteren Zutaten zu einer sämigen Sauce rühren und pikant abschmecken.

2 Pinienkerne in einer beschichteten Bratpfanne ohne Fett goldbraun rösten.

3 Mango schälen, Fruchtfleisch in kleinen Stücken vom Kern schneiden. Gurke schälen, längs halbieren, entkernen, in Stäbchen schneiden. Tomaten halbieren oder vierteln. Schnittlauch in feine Röllchen schneiden. Alles in eine Schüssel geben, mit der Sauce mischen und die Pinienkerne darüber streuen.

Als Beilage mit weiteren Gerichten oder als Vorspeise servieren.

TIPP

Fruchtige Salate sind besonders erfrischend in der Hitze Afrikas und werden häufig zubereitet.

Braai 1: Seasoning

Grill-Marinaden und Barbecue-Sauce

Gewürz-Marinade:

- 3 Thymianzweiglein, abgezupfte Blättchen
- 1 TL Rosmarinnadeln, gehackt
- 2 EL Senf, mittelscharf
- 1 EL Tomatenpüree
- 1 Knoblauchzehe, gepresst
- 1 EL Sojasauce
- 1 TL Worcestershire Sauce
- 1/2 TL schwarzer Pfeffer aus der Mühle
- 1/4 TL Chilipulver
- 1/2 EL roter Portwein oder Cognac (nach Belieben)

Honig-Bier-Marinade:

- 2 dl helles Bier (nach Belieben alkoholfrei)
- 1 dl Orangensaft
- 2 EL Weissweinessig
- 2 EL flüssiger Honig
- 1 EL Senf, mittelscharf
- 2 EL Estragon, gehackte Blättchen

BBQ-Sauce:

- 1 Schalotte, gehackt
- 1 Knoblauchzehe, gepresst
- 1 TL frischer Ingwer, gerieben
- 1 TL flüssiger Honig
- 1 TL Senf, mittelscharf
- 1 TL Worcestershire Sauce
- 2 EL Olivenöl
- 2 dl Tomatenketchup

Braai: Grillieren auf Südafrikanisch
Das traditionelle Barbecue (BBQ) ist wohl der typischste Bestandteil der Kap-Küche und immer auch ein gesellschaftlicher (Gross-)Anlass.
Gegrillt wird eine grosse Menge verschiedener Fleischsorten mit reichhaltigen Beilagen (Toekos). Wir möchten an dieser Stelle nicht näher auf das Grillieren, sondern vielmehr auf Marinaden und Beilagen eingehen.
Laden Sie nicht einfach zu einer Grillparty, sondern zu einem südafrikanischen Braai ein! Marinieren Sie Stücke vom Rind, Lamm oder Schwein und servieren Sie ein paar köstliche Beilagen dazu. Getränke aus den «Wineyards» westlich von Kapstadt, aber auch spritziges Bier, passen sehr gut zum südafrikanischen Grillvergnügen.

Gewürz-Marinade (Bild vorne)
Für Lamm-, Schweine- oder Rindfleisch.
Alle Zutaten gut mischen. Fleisch mit der Marinade bepinseln und einige Stunden marinieren. Fleisch erst vor dem Grillieren salzen.

Honig-Bier-Marinade (Bild Mitte)
Für Spareribs, Geflügel, Lamm- oder Kalbfleisch.
Alle Zutaten mischen. Fleisch in einen Plastiksack geben (siehe Tipp), die Marinade dazugiessen und gut verschlossen im Kühlschrank 3–6 Tage marinieren. Fleisch erst vor dem Grillieren salzen.

BBQ-Sauce (Bild hinten)
Zu gewürztem, gegrilltem Fleisch.
Alle Zutaten mischen und einige Stunden ziehen lassen.

TIPP
Fleisch kann in einer Schüssel aus Porzellan oder Glas mariniert werden. Grössere Stücke sind so allerdings nie ganz mit der Marinade bedeckt und müssen immer wieder gewendet werden. Wenn das Fleisch jedoch in einem Plastiksack zusammen mit der Marinade und möglichst ohne Luft gut verschlossen wird, liegt es ganz in der Flüssigkeit und ein Wenden erübrigt sich.

Braai 2: Sosaties

Lammfleisch-Spiesschen mit Aprikosen

8 Spiesschen

Marinade:

- 4–6 Schalotten
- 4 EL Rotweinessig
- 2 dl Rotwein, z.B. Cabernet-Sauvignon
- 6 Zitronen- oder Kaffirlimettenblätter
- 5 dünne Scheiben frischer Ingwer
- 2 TL Rohzucker
- 1 EL Currypulver, scharf
- 2 TL Korianderpulver
- 1/2 TL Kreuzkümmelpulver
- 1/2 TL schwarzer Pfeffer aus der Mühle
- 1/2 TL Pimentpulver (ersatzweise 1 Nelke)
- 1 Prise Kardamompulver
- 5 cm Zimtstange

- 700 g Lammhuft
- 150 g getrocknete Aprikosen (16 Stk.)
- Salz

- 8 Holzspiesschen, 25 cm lang

1 3–5 Tage im Voraus: Schalotten halbieren oder vierteln, mit den weiteren Marinadezutaten erhitzen, 5 Minuten köcheln, zugedeckt auskühlen lassen.

2 Fleisch in 3–4 cm grosse Würfel schneiden, mit der Marinade mischen (siehe Tipp Seite 110), und im Kühlschrank 3–5 Tage marinieren.

3 Am Zubereitungstag, 2 Stunden vor dem Grillieren: Aprikosen mit kochendem Wasser übergiessen und zugedeckt ca. 2 Stunden aufquellen lassen. Holzspiesschen in Wasser einlegen.

4 Fleisch und Schalotten abtropfen (Marinade auffangen). Abwechslungsweise mit den Aprikosen auf die Spiesschen stecken. Salzen und auf dem Grill rundum ca. 15 Minuten braten. Ab und zu mit der Marinade bestreichen.

Mit weiteren Braai-Gerichten und Beilagen (Seiten 108, 114–116) servieren.

TIPP

Vorbereiten: Spiesschen am Zubereitungstag fertig stellen und bis zum Grillieren wieder in die Marinade legen. Die Spiesschen können auch mit Rindfleisch zubereitet werden.

Braai 3: Coleslaw

Kabissalat

4–6 Portionen als Beilage

Sauce:

- 2 EL Gemüsebouillon
- 2 EL Weissweinessig
- 1 TL Senf, mittelscharf
- 1/4 TL Kreuzkümmelpulver
- Salz
- schwarzer Pfeffer aus der Mühle
- 3 EL Sonnenblumenöl

- 300 g Weisskabis
- 2 Stangen Sellerie
- 2 l Wasser
- 2 Karotten
- 1/2 rote Peperoni
- 1/2 grüne Peperoni
- 60 g helle Sultaninen
- 3 Tranchen Frühstücksspeck
- 1 Zwiebel, gehackt

1 Alle Zutaten für die Sauce mischen.

2 Kabis und Sellerie in feinste Streifen schneiden, in einer Schüssel mit kochendem Wasser übergiessen. 10 Minuten zugedeckt stehen lassen. Auf ein Sieb schütten, etwas ausdrücken. Karotten mit der Röstiraffel dazureiben. Peperoni in feine Streifen schneiden und mit den Sultaninen dazugeben.

3 Speck in kleinste Würfelchen schneiden, in einer grossen Bratpfanne ohne Fett knusprig braten. Zwiebel beigeben und glasig dünsten, Pfanne vom Herd ziehen. Gemüse dazugeben, mit der Sauce mischen und zugedeckt erkalten lassen.

TIPP

Um Frühstücksspeck in kleinste Würfelchen (Brunoise) zu schneiden, legt man die Tranchen zuvor am besten 30 Minuten in den Tiefkühler.

Kabissalat ist eine unentbehrliche Beilage zum südafrikanischen Braai.

Braai 4: Sweet Potatoes

Süsskartoffeln vom Grill und aus dem Ofen

SÜDAFRIKA: KAPMALAIEN

Je 4 Portionen als Beilage

Süsskartoffeln vom Grill:

800 g Süsskartoffeln

Salz

schwarzer Pfeffer aus der Mühle

50 g Butter

8 Stück doppelte Alufolie, ca. 20x20 cm

Süsskartoffeln aus dem Ofen:

800 g Süsskartoffeln

100 g Butter

1 Limette, Schale und Saft

2 EL Rohzucker

2 EL süsser Sherry

1 TL Salz

5 cm Zimtstange

3 dünne Scheiben frischer Ingwer

Süsskartoffeln vom Grill

1 Kartoffeln schälen, längs halbieren und in 8 Stücke à ca. 100 g schneiden. Auf die Folienstücke legen, mit Salz und Pfeffer würzen und mit je einem Stück Butter belegen. Folie gut verschliessen.

2 Auf dem Grill 15 Minuten grillieren, dann am Rand etwas ziehen lassen. Mit einer Nadel prüfen, ob die Kartoffeln gar sind.

Süsskartoffeln aus dem Ofen

1 Kartoffeln schälen, in 2 cm grosse Würfel schneiden und in eine Gratinform geben. Backofen auf 180 °C vorheizen.

2 Butter schmelzen. Limettenschale dazureiben, den Saft dazupressen und mit allen weiteren Zutaten mischen. Über die Kartoffeln giessen und mischen. Form mit Deckel oder Alufolie verschliessen. Im Ofen ca. 35–45 Minuten backen, bis die Kartoffeln weich sind.

3 Deckel entfernen, vorsichtig nochmals mit der Sauce mischen und unbedeckt etwas Farbe annehmen lassen.

TIPP

Süsskartoffeln sind von Natur aus süsslich. Südafrikaner unterstützen diese Eigenschaft bei der Ofenvariante zusätzlich mit exotischen Gewürzen. Diese Zubereitungsart schmeckt natürlich nicht nur zum Braai!

Tomato Chambo

Fischfilets auf Tomatensauce

MALAWI

4 Portionen als Hauptgericht

Gewürzmischung:

- 1/4 TL Korianderpulver
- 1/4 TL Kreuzkümmelpulver
- 1 Prise Nelkenpulver
- 1/4 TL Muskatnuss, gerieben
- 1 TL Salz
- 1/4 TL schwarzer Pfeffer aus der Mühle
- 1 TL Kurkumapulver

- 1 rote Chilischote
- 1/2 Zitrone, Schale
- 400 g Tomaten
- 2 Zwiebeln, gehackt
- 2 Knoblauchzehen, gepresst
- 1 TL frischer Ingwer, gerieben
- 1 EL Erdnussöl
- 3 cm Zimtstange
- 500 g Fischfilets: Tilapia, Rotbarsch oder Egli
- Salz
- schwarzer Pfeffer aus der Mühle
- einige Butterflocken
- einige rote Chilischoten (nach Belieben)

1 Alle Zutaten für die Gewürzmischung gut vermengen. Chili halbieren, entkernen und hacken. Zitronenschale hauchdünn und ohne weisse Stellen abziehen, in feine Streifen schneiden und diese hacken. Tomaten kreuzweise einschneiden, in kochendes Wasser tauchen bis sich die Haut zu lösen beginnt, kalt abschrecken, schälen, entkernen und würfeln. Backofen auf 180 °C vorheizen.

2 Zwiebeln, Knoblauch und Ingwer im heissen Öl andünsten. Gewürzmischung mit Chili, Zitronenschale und Zimt beigeben, kurz mitdünsten. Tomaten darunter mischen und bei kleiner Hitze zugedeckt 30 Minuten köcheln. Auf dem Boden einer ofenfesten Form verteilen.

3 Fischfilets mit Salz und Pfeffer würzen. Ziegelartig auf die Tomatensauce schichten und mit einigen Butterflocken belegen. Chilischoten dekorativ zwischen die Filets stecken. In der Ofenmitte ca. 10 Minuten (je nach Dicke der Fischfilets) garen.

Mit weissem Reis oder Yellow Rice (Seite 120) servieren.

TIPP

«Chambo» ist die Bezeichnung für den Tilapia-Fisch, einer Barsch-Art aus dem Malawi-See.

Peanut Chicken, Yellow Rice

Perlhuhn in Erdnusssauce mit gelbem Reis

4 Portionen als Hauptgericht

Perlhuhn:

- 2 Tomaten
- 100 g grüne Bohnen
- 1 EL Mehl
- 1/2 TL Salz
- 1/2 TL Paprika «edelsüss»
- 2 Perlhühner oder Coquelets à ca. 500 g
- 2 EL Bratbutter
- 2 Zwiebeln, gehackt
- 1 Knoblauchzehe, gepresst
- 1 EL frischer Ingwer, gerieben
- 1 Lorbeerblatt
- 2,5 dl Hühnerbouillon
- 50 g Erdnussbutter (mit Erdnussstücken)
- Salz
- schwarzer Pfeffer aus der Mühle

Gelber Reis:

- 5 dl Wasser
- 1 Würfel Hühnerbouillon
- 3 cm Zimtstange
- 4 Nelken
- 4 Kardamomkapseln, aufgebrochen
- 1/2 TL Kurkumapulver
- 300 g Lang- oder Mittelkornreis, z.B. Carolina
- 100 g dunkle Sultaninen
- 1 EL Butter

1 Tomaten kreuzweise einschneiden, in kochendes Wasser tauchen bis sich die Haut zu lösen beginnt, kalt abschrecken, schälen, entkernen und würfeln. Bohnen schräg in 1 cm lange Stücke schneiden. Mehl, Salz und Paprika mischen. Geflügel in je ca. 8 Teile zerlegen, mit der Mehlmischung bestreuen. In der Butter bei mittlerer Hitze auf allen Seiten goldbraun braten. Aus der Pfanne nehmen, warm stellen.

2 Zwiebeln, Knoblauch, Ingwer und Lorbeer in der selben Pfanne andünsten. Bohnen und Tomaten beigeben, mit der Bouillon ablöschen, aufkochen. Geflügelteile dazugeben und 25 Minuten zugedeckt sanft köcheln lassen.

3 Fleisch herausheben und auf einer Servierplatte anrichten. Erdnussbutter unter die Sauce rühren. Mit Salz und Pfeffer abschmecken und über das Geflügel geben.

4 Für den Reis alle Zutaten ohne Sultaninen und Butter aufkochen, bei kleiner Hitze halb zugedeckt köcheln lassen. Nach 10 Minuten Sultaninen und Butter beigeben und den Reis ca. 10 Minuten fertig garen.

TIPP

Anstelle von ganzem Geflügel kann auch die entsprechende Menge Poulet-Unterschenkel oder 600 g Pouletbrust in grossen Stücken verwendet werden. Im letzteren Fall verringert sich die Garzeit um 15 Minuten.

Bobotie

Hackfleischauflauf mit Sultaninen

4–6 Portionen
als Hauptgericht

- 2 Scheiben Toastbrot
- 1,5 dl Milch
- 1 EL Sonnenblumenöl
- 2 EL Butter
- 600 g gehacktes Rind- oder Lammfleisch
- 2 Zwiebeln, gehackt
- 1 Knoblauchzehe, gepresst
- 2 Nelken
- 2 Lorbeerblätter
- 1 EL getrocknete Kräutermischung, z.B. «Herbes de Provence»
- 1 EL Garam Masala
- 1/2 TL Kurkumapulver
- 100 g helle Sultaninen
- 100 g Mangochutney, mild
- 1/2 Zitrone, Schale und Saft
- 1 TL Salz
- schwarzer Pfeffer aus der Mühle
- 50 g Mandelblättchen
- 10 Zitronen- oder Kaffirlimettenblätter
- 1,5 dl Milch
- 2 Eier

1 Brot entrinden, in kleine Würfel schneiden und in der Milch 15 Minuten einweichen. In ein Sieb giessen, ausdrücken und dabei die Milch auffangen.

2 Backofen auf 180 °C vorheizen. Öl und Butter in einer Bratpfanne erhitzen, Fleisch (eventuell portionenweise) gut anbraten und dabei mit zwei Bratschaufeln lockern. Zwiebeln, Knoblauch, Nelken und Lorbeerblätter kurz mitbraten. Hitze reduzieren. Brot mit den weiteren Zutaten bis einschliesslich Mangochutney dazugeben und mitbraten. Pfanne vom Herd ziehen. Zitronenschale abreiben, den Saft auspressen und darunter mischen. Mit Salz und Pfeffer pikant abschmecken. Lorbeer und Nelken entfernen, Mandelblättchen vorsichtig darunter mischen. Die Masse satt in eine gebutterte Gratinform füllen und glatt streichen. Zitronenblätter zu kleinen engen Tüten rollen und in die Masse stecken. 30 Minuten im Ofen backen.

3 Aufgefangene Milch auf 2,5 dl ergänzen und mit den Eiern verquirlen. Über die Fleischmasse giessen und weitere 15 Minuten backen, bis die Eimasse fest und nur leicht angebräunt ist.

Mit weissem Reis und Salat servieren.

TIPP

Wenn keine Zitronen- oder Kaffirlimettenblätter zur Hand sind, frische Lorbeerblätter verwenden.
Bobotie ist eigentlich eine Restenverwertung der sonntäglichen Lammkeule. In diesem Fall das Fleisch vom Knochen lösen, hacken, nicht anbraten sondern erst vor den Mandelblättchen in die Pfanne geben.

Denningvleis

Malaiisches Lammgericht

4 Portionen als Hauptgericht

- 600 g Lammhuft
- 1 EL Erdnussöl
- 2 grüne Chilischoten
- 2 Schalotten, in Streifen
- 1 Knoblauchzehe, gepresst
- 1 Prise Muskatnuss, gerieben
- 1 Prise Piment, gemahlen
- 3 Nelken
- 1 Lorbeerblatt
- schwarzer Pfeffer aus der Mühle
- 1/2 TL Salz
- 1,5 dl Wasser
- 1/2 TL Tamarinden-Extrakt, ohne Kerne
- 1/2 dl Wasser

1 Fleisch in ca. 3 cm grosse Würfel schneiden und im heissen Öl rundum gut anbraten. Auf einem Teller beiseite stellen. Hitze reduzieren, Chili in feine Streifen schneiden, mit Schalotten und Knoblauch in der selben Pfanne andünsten.

2 Fleisch beigeben, mit den weiteren Zutaten würzen und salzen. Mit dem Wasser ablöschen und 1 Stunde zugedeckt auf kleinstem Feuer sanft köcheln lassen.

3 Tamarinden-Extrakt im heissen Wasser auflösen, beigeben und weitere 30 Minuten köcheln lassen. Mit Salz und Pfeffer abschmecken.

Mit weissem Reis servieren.

TIPP

Dieses Gericht kann auch mit Rindfleisch zubereitet werden. Es wurde von malaiischen Einwanderern aus Java nach Südafrika gebracht und ist auch Bestandteil der berühmten indonesischen Reistafel. Der Name leitet sich von «Dendeng» ab, was «gut gewürztes Fleisch» bedeutet.

Kosta

Blattgemüse und Lauch

4 Portionen als Beilage

- 600 g Schnittmangold
- Salz
- 1–2 Lauchstangen (200 g)
- 2 rote Peperoncini
- 1 EL Sonnenblumenöl
- 2 EL Butter
- 2 Schalotten, gehackt
- 1 Knoblauchzehe, gepresst
- 1 EL frischer Ingwer, gerieben
- schwarzer Pfeffer aus der Mühle
- 1 Prise Muskatnuss, gerieben

1 Mangold in breite Streifen schneiden. In kochendem Salzwasser einige Sekunden blanchieren, kalt abschrecken, abtropfen. Lauch in kleine Quadrate schneiden. Peperoncini halbieren, entkernen und in feine Streifen schneiden.

2 Öl und Butter in einer Bratpfanne erhitzen, Schalotten, Knoblauch, Ingwer und Peperoncini andünsten. Lauch dazugeben und mitdünsten, bis er zusammenfällt. Mangold darunter mischen, heiss werden lassen. Mit Salz, Pfeffer und Muskat würzen.

TIPP

Anstelle von Schnittmangold kann auch Spinat oder Stielmangold (Krautstiel) verwendet werden.

Derere

Okra Gemüse

SIMBABWE

4 Portionen als Beilage

Gewürze:

- 4 EL Kokosraspel (40 g)
- 1/2 TL Chilipulver
- 1 TL Korianderpulver
- 1 TL Kreuzkümmelpulver
- 1 Briefchen Safranpulver (125 mg)

- 200 g Okraschoten
- 2 Tomaten
- 2 EL Olivenöl
- 1 Schalotte, in Streifen
- 1/2 Knoblauchzehe, gepresst
- Salz
- schwarzer Pfeffer aus der Mühle

1 Die Gewürze mischen. Okraschoten waschen, trocken tupfen. Stielansatz wegschneiden, längs halbieren, mit den Gewürzen gut mischen und 30 Minuten ziehen lassen.

2 Tomaten kreuzweise einschneiden, in kochendes Wasser tauchen bis sich die Haut zu lösen beginnt, kalt abschrecken, schälen, entkernen und würfeln.

3 Okrahälften etwas abschütteln, im Öl bei mittlerer Hitze andünsten, bis sie ein wenig Farbe angenommen haben. Schalotte und Knoblauch kurz mitdünsten. Tomatenwürfel und restliche Gewürzmischung beigeben. Heiss werden lassen und abschmecken.

TIPP

Beim Kochen oder Dünsten sondern Okraschoten manchmal einen Schleim ab, den die meisten Afrikaner lieben, der für uns jedoch gewöhnungsbedürftig ist. Bei obenstehender Zubereitungsart ist dies nicht der Fall.

Garri & Beans

Boulgour und Bohnen

LESOTHO

4 Portionen als Beilage

- 100 g weisse Bohnen, getrocknet
- 1 Stange Sellerie
- 2 Tomaten
- 5 Tranchen Frühstücksspeck
- 1 Schalotte, gehackt
- ½ Knoblauchzehe, gepresst
- 1 EL Erdnussöl
- 5 dl Gemüsebouillon
- 250 g Boulgour (grobes Weizenschrot)
- Salz
- schwarzer Pfeffer aus der Mühle

1 Am Vortag: Bohnen in kaltem Wasser über Nacht (12 Stunden) einweichen.

2 Am Zubereitungstag: Sellerie in kleine Würfel schneiden. Tomaten kreuzweise einschneiden, in kochendes Wasser tauchen bis sich die Haut zu lösen beginnt, kalt abschrecken, schälen, entkernen und würfeln. Speck im Tiefkühler kurz anfrieren und in feine Streifen schneiden. Wenig Speck für die Garnitur beiseite stellen.

3 Schalotte, Knoblauch, Speck und Sellerie im heissen Öl andünsten. Abgetropfte Bohnen beigeben und kurz mitdünsten. Mit 3 dl Bouillon ablöschen und zugedeckt ca. 30 Minuten köcheln, bis die Bohnen weich sind. Abgiessen, dabei die Kochflüssigkeit auffangen. Bohnen und Gemüse warm stellen. Flüssigkeit mit restlicher Bouillon auf 4 dl ergänzen, aufkochen. Über das Weizenschrot giessen, mischen und mit Klarsichtfolie bedeckt ca. 5 Minuten aufquellen lassen.

4 Beiseite gelegte Speckstreifen knusprig braten. Bohnen und Gemüse mit dem Weizenschrot mischen, Tomatenwürfel darunter heben. Mit Salz und Pfeffer abschmecken und mit dem Speck bestreuen.

TIPP

Garri ist eigentlich Maniokgriess und entsteht in einem mehrtägigen, aufwändigen Prozess aus Maniokwurzeln. Grobes Weizenschrot dient hier als Ersatz, da Garri bei uns sehr schwer erhältlich ist.

Mealie Pap & Spinach

Maisgericht mit Spinat

SWASILAND

4–6 Portionen als Beilage

- 250 g frischer Blattspinat
- 1 Zwiebel, fein gehackt
- 1 Knoblauchzehe, gepresst
- 1 EL Erdnussöl
- 1 Prise Muskatnuss, gerieben
- 1,3 l Wasser
- 2 Würfel Gemüsebouillon
- 250 g Maisgriess, grob (Bramata)

1 Spinat waschen und leicht abtropfen lassen. Zwiebel und Knoblauch im heissen Öl in einer weiten Pfanne andünsten. Spinat beigeben, wenden bis er zusammenfällt, mit Muskat würzen. Aus der Pfanne nehmen, etwas abkühlen lassen, grob hacken.

2 Wasser mit Bouillonwürfeln aufkochen, Maisgriess einrühren. Bei kleiner Hitze und unter fleissigem Rühren zu einer noch leicht flüssigen Polenta kochen.

3 Zum Servieren den erwärmten Spinat darüber geben.

Als Beilage zu weiteren Gerichten servieren.

TIPP

Maisbrei ist in Afrika als Grundnahrungsmittel überall und in vielen Varianten anzutreffen. In Botswana bekannt als «Nshima», in Benin heisst er «Tô», in Zulu «Phutu». Maisbrei ist das vorherrschende Gericht und für den europäisch verwöhnten Gaumen ein wenig fade, da er meist lediglich aus Maismehl, Salz und Wasser zubereitet wird. Bei diesem Rezept wird der Maisbrei jedoch nicht zu einer völlig trockenen Masse gekocht, sondern wie eine sehr feuchte Polenta zubereitet und mit Spinat serviert.

Pumpkin Peanut Mash

Kürbis-Erdnuss-Püree

4 Portionen als Beilage

- 500 g Kürbis
- 1 Schalotte, gehackt
- 1 Knoblauchzehe, gepresst
- 1/4 TL Kreuzkümmelpulver
- 1 EL Butter
- 1/2 Würfel Gemüsebouillon
- 2 EL Wasser
- 1 EL frischer Ingwer, gerieben
- 60 g Erdnussbutter (mit Erdnussstücken)
- Salz
- schwarzer Pfeffer aus der Mühle
- einige Erdnusskerne

1 Kürbis schälen und entkernen, in grobe Würfel schneiden. Es sollten ca. 400 g Kürbisfleisch verbleiben.

2 Schalotte, Knoblauch und Kreuzkümmel in der heissen Butter andünsten. Kürbis beigeben und mitdünsten. Bouillonwürfel und Wasser beigeben. Zugedeckt bei kleiner Hitze ca. 20 Minuten weich kochen.

3 Ingwer dazugeben und offen noch etwas köcheln lassen, bis die Kürbiswürfel zerfallen und praktisch keine Flüssigkeit mehr vorhanden ist.

4 Erdnussbutter mit dem Schwingbesen darunter rühren. Püree mit Salz und Pfeffer abschmecken. Erdnüsse darüber streuen.

Als Gemüsebeilage mit weiteren Gerichten servieren.

TIPP

Neben Mais und Maniok (siehe Seite 61) zählt Kürbis zu den wichtigen Grundnahrungsmitteln in Afrika. Die Rezepte dazu sind deshalb sehr vielfältig. Ob als Suppe, Püree oder Gemüse – Kürbis ist sehr beliebt in Afrika.
Anstelle von Kürbis können auch Karotten verwendet werden. Diese 30–40 Minuten weich kochen und anstelle von Schritt 3 mit dem Ingwer pürieren.

Cape Fruit Whip

Muskatcreme mit Früchten

4–6 Portionen als Dessert

500 g Früchte und Beeren: Kiwis, Mangos, Papayas; Blaubeeren, Kapstachelbeeren (Physalis), Trauben
1/2 Limette, Saft

Muskatcreme:

250 g Doppelrahm-Frischkäse
2 dl Rahm
2 EL weisser Wermut, süss
50 g Puderzucker
1 TL Muskatnuss, gerieben
1/2 TL Kardamompulver

1 Früchte schälen, in Scheiben oder Würfel schneiden. Blaubeeren und Trauben ganz lassen, Kapstachelbeeren aus der Hülle lösen. Mit dem Limettensaft mischen und zugedeckt 30 Minuten kühl stellen.

2 Für die Creme alle Zutaten mischen und mit dem Schwingbesen oder im Mixer halb steif schlagen.

3 Früchte und Creme abwechslungsweise in Dessertschalen oder -gläser schichten und sofort servieren.

TIPP

Es können auch andere in Südafrika heimische Früchte und Beeren verwendet werden: Äpfel, Aprikosen, Birnen, Datteln, Orangen, Pfirsiche; oder Erdbeeren, Himbeeren, Brombeeren etc.
Die Empfehlung «sofort servieren» bezieht sich auf die Anwesenheit von Kiwis: In Kontakt mit Milchprodukten werden die Kiwis rasch bitter.

Stichwortregister

Safranfäden, -pulver

Harissa

Zitrone, Limette

L

M

Okra

Karte Afrika

DER Saison Küche

Die SAISON-KÜCHE-Kochbücher erfreuen sich grosser Beliebtheit und sind zudem das ideale Geschenk! Hier ein Auszug aus dem Angebot:

KIDS IN DER KÜCHE

Das ultimative, coole und mega-schräge Kochbuch für Kinder und Jugendliche von 11 bis 17 Jahren. 2. Auflage. Für AbonnentInnen Fr. 19.–, für NichtabonnentInnen Fr. 27.–

PARTY-TIME

Kultbuch für PartylöwInnen. 18 exklusive und originelle Party-Vorschläge: coole Drinks, heisse Snacks oder innovative Buffet-Ideen für 8 bis 30 Gäste. Fr. 17.–

TRENDKÜCHE ASIEN

Raffinierte Curries, feurige Suppen und würzige Desserts. Ein Buch voller Überraschungen. Mit vielen Tipps und praktischen Tricks.

Für AbonnentInnen Fr. 19.–, für NichtabonnentInnen Fr. 29.90

BUCHSHOP

GENIESSEN IM FREIEN

Köstliche Grillspezialitäten, Fingerfood, Salatkreationen und Dessertideen für alle, die im Sommer gerne mal die Küche mit dem Garten tauschen. Fr. 17.–

MAMMAMIA

Italianità pur und erst noch con amore auf 132 Seiten für all jene Köchinnen und Köche, für die Italien mehr als Pizza, Pasta und Polenta bedeutet. Fr. 28.–

LEICHT UND MODERN

Ein Buch, das die Essgewohnheiten revolutioniert. Für alle, die gerne leicht und fettarm geniessen. Von mediterranen Gaumenfreuden bis zu asiatischen Leckereien. Fr. 17.–

SCHNELL FÜR 2

Schnelle und raffinierte Rezepte für zwei Personen. Damit mehr Zeit bleibt, die traute Zweisamkeit zu geniessen. Fr. 17.– (französische Version vergriffen)

KÄSE

Unverzichtbar für alle Käsefreundinnen und -freunde. Von den Klassikern wie Fondue oder Älpler-Magronen bis zu neuen, überraschenden Käse-Kreationen. Fr. 17.–

GEFLÜGEL

Frühlingshaft-leicht, sommerlich-knusprig, herbstlich-würzig und winterlich-deftig – Geflügel hat immer Saison. Nicht nur für Pouletfans.
Fr. 17.–

BESTELLEN SIE JETZT:

SAISON-KÜCHE, Abo-Service, Postfach, 8957 Spreitenbach
Telefon 0848 877 777 (normaler Gesprächstarif), Fax 056 417 53 37
E-Mail: saisonkueche@limmatdruck.ch oder www.saison.ch

Alle Artikel zzgl. Versandspesen und nur solange Vorrat. Auslandlieferung auf Anfrage.

Die SAISON KÜCHE im Abonnement

- **Supergünstig:** nur Fr. 22.– für 12 Ausgaben im Jahr, bequem nach Hause geliefert.
- **Marktfrisch:** feine Ideen für die saisongerechte, moderne Küche.
- **Informativ:** amüsante Geschichten rund ums Essen und Geniessen.
- **Praktisch:** präzise Anleitungen, wertvolle Tipps und Sofort-Beratung gratis.
- **Vorteilhaft:** Laufend tolle Angebote zu Sonderpreisen und dazu die SAISON-KÜCHE-Bücher zu Abo-Konditionen.

ABONNIEREN SIE JETZT:

SAISON-KÜCHE, Abo-Service,
Postfach, 8957 Spreitenbach
Telefon 0848 877 777 (normaler Gesprächstarif),
Fax 056 417 53 37
E-Mail: saisonkueche@limmatdruck.ch
oder www.saison.ch

Auslandpreise auf Anfrage.